定期テスト **ズバリよくでる** 国語 1年 教育

もくじ

取り外してお使いください 赤シート＋直前チェックBOOK,別冊解答

※全国の定期テストの標準的な出題範囲を示しています。学校の学習進度とあわない場合は,「あなたの学校の出題範囲」欄に出題範囲を書きこんでお使いください。

Step 1

ふしぎ

15分

1 文章を読んで、問いに答えなさい。

▼教 14ページ～15ページ

ふしぎ

金子《かねこ》 みすゞ（ず）

わたしはふしぎでたまらない、
黒い雲からふる雨が、
銀にひかっていることが。

わたしはふしぎでたまらない、
青いくわの葉たべている、
かいこが白くなることが。

わたしはふしぎでたまらない、
たれもいじらぬ夕顔が、
ひとりでぱらりと開くのが。

わたしはふしぎでたまらない、
たれにきいてもわらってて、
あたりまえだ、ということが。

(1) この詩で印象を強くするために、対照的に用いられている色彩《しきさい》を抜《ぬ》き出し、「――と――」の形で二つ答えなさい。

（　　）（　　）

(2) 15行め「あたりまえだ、ということが。」には、どんな心情がこめられていますか。次から一つ選び、記号で答えなさい。

ア 見慣れた光景に疑問などもたずに、他の人は一生懸命《けんめい》に生きているのだ。

イ 他の人は生活の中で、あらゆるものに疑問をもつことを忘れているのだ。

ウ 他の人にとっては当然なことなのに、疑問をもつ自分は恥《は》ずかしいのだ。

（　　）

(3) この詩に用いられている表現の説明として、あてはまるものには○、あてはまらないものには×を書きなさい。

ア 同じ言葉や言い方を繰《く》り返して、リズムをつくっている。

イ 文の終わりを名詞にして、詩に力強い響《ひび》きを生んでいる。

ウ 文の順序を入れ替《か》えて、詩にこめた心情を強調している。

ア（　　）イ（　　）ウ（　　）

2 ――部の漢字の読み仮名を書きなさい。

1 元気の源。 2 本州を縦断する。 3 臨時の会議を開く。

4 布を染める。 5 心に刻む。 6 冊子を読む。

7 泉がわく。 8 結果を推測する。

3 カタカナを漢字に直しなさい。

1 コトなる意見。 2 キチョウな食材。 3 カイダンを下りる。

4 キケンな実験。 5 生命のタンジョウ。 6 ホウリツを守る。

7 オサナい妹。 8 ジシャクを使う。

2		3	
1	5	1	5
2	6	2	6
3	7	3	7
4	8	4	8

テストで点を取るポイント

国語の中間・期末テストでは、次のポイントを押《お》さえて確実に点数アップをねらうことができます。

☑ノートを確認《かくにん》して、教科書を音読する

1 授業中の板書を写したノートをおさらいします。

国語の定期テストでは黒板に書かれた内容がテストで問われることが多く、先生によっては要点を赤字にしたり、繰り返し注意したりしてヒントを出してくれています。

2 教科書の文章を音読して読み直す。

テストで出る文章は決まっているので、かならず何度も読み直して文章内容を理解しておきましょう。

☑ステップ1・ステップ2を解く

≫実際に文章読解問題・文法問題を解いて、内容を理解できているか確認します。いずれも時間を計って、短時間で解く練習をしておきましょう。

☑小冊子で漢字を確認する

≫テスト直前には新出漢字や文法事項《じこう》、古文単語などの暗記事項を確認します。

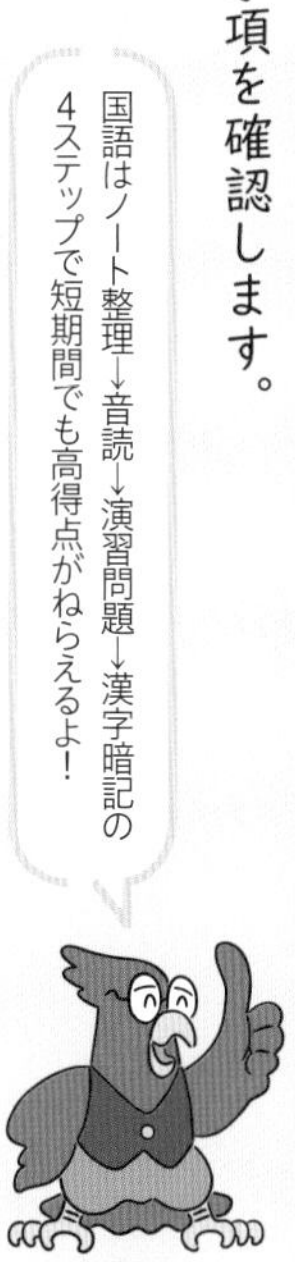
国語はノート整理→音読→演習問題→漢字暗記の4ステップで短期間でも高得点がねらえるよ！

Step 1

桜蝶《さくらちょう》

15分

❶ 文章を読んで、問いに答えなさい。

▼㊝20ページ5行～21ページ16行／22ページ12行～23ページ12行

A

「桜蝶《さくらちょう》の旅立ちを見守ってて。」

そして、倉橋《くらはし》君はこんな話をし始めた。

「春が来ると南から北へ、桜の木に留まりながら旅をする蝶がいて。それが、桜蝶っていう蝶で。この蝶がやってくると桜が一斉《いっせい》に咲《さ》き始めるから、桜の開花を告げる蝶だとも言われててね。僕《ぼく》は①ここで偶然《ぐうぜん》見つけて毎日観察してたんだけど、そろそろ次の目的地に向かって飛び立つ気配を見せてるんだ。」

その時、②倉橋君が「あっ。」と叫《さけ》んだ。それと同時に信じられないことが起こった。目の前の桜の木から一斉に花びらが散ったかと思うと、地面に落ちることもなく、そのまま宙を飛び始めたのだ。よく見ると、それは③花びらのような羽を持った淡《あわ》いピンクの蝶だった。

蝶は渦《うず》を巻きながら天高く昇《のぼ》っていく。夕空を、ピンクの靄《もや》が北に向かって移動していく。

その美しい光景に見惚《みほ》れながらも、白石《しらいし》さんはこう呟《つぶや》いた。

「春とはもう、お別れなんだね……。」

なんだか④寂《さび》しい思いにとらわれていると、倉橋君が口にした。

「そうだね。でも、ほら、見てみなよ。」

---

(1) ――線①「ここ」とは、どこのことですか。Bの文章から二字で抜《ぬ》き出しなさい。

(2) ――線②「倉橋君が『あっ。』と叫んだ」とありますが、この時、倉橋君が考えていることがわかる一続きの二文をBの文章から探し、初めと終わりの五字を抜き出しなさい。(句読点を含《ふく》む。)

～

(3) ――線③「花びらのような羽を持った淡いピンクの蝶」とありますが、これは何という蝶ですか。文章から二字で抜き出しなさい。

(4) ――線④「寂しい思い」とありますが、白石さんはなぜ寂しく思っているのですか。あてはまるものを次から一つ選び、記号で答えなさい。

ア 親友と別れなければならないから。

その指さす方――南の空に目をやって、白石さんは声をあげた。⑤緑の靄が飛んできているのが見えたのだ。

倉橋君はほほえんだ。

「桜蝶はいなくなってしまうけど、今度は葉桜蝶が新しい季節を運んできてくれたみたいだね。」

B

僕は蝶を発見したその日から、公園へと毎日通った。そして、南の町から来た自分の境遇《きょうぐう》を桜蝶に重ねては、勝手に孤独《こどく》を分け合ってきた。

けれど、そんな日々も、まもなく終わる――。

桜蝶が一斉に宙へと飛び上がったのは、次の瞬間《しゅんかん》のことだった。蝶はこれから旅立つのだ。さらに北の方へ向かって。

その時、飛んでいくピンクの靄を見つめながら、白石さんがポツリと言った。

「春とはもう、お別れなんだね……。」

それを聞いて、ハッとなった。僕の頭に別れぎわの親友の言葉がよみがえってきたからだ。

――別れは終わりなんかじゃない。始まりなんだよ――。

僕は白石さんにこう言った。

⑥「そうだね。でも、ほら、見てみなよ。」

視線の先、南の空には緑の靄が浮《う》かんでいる。

「桜蝶はいなくなってしまうけど、今度は葉桜蝶が新しい季節を運んできてくれたみたいだね。」

田丸雅智「桜蝶」より

イ　春がもう終わってしまうから。

ウ　倉橋君に嫌《きら》われたと思ったから。

(5) ――線⑤「緑の靄」とは、何の群れですか。文章から三字で抜き出しなさい。

(6) ――線⑥「そうだね。でも、ほら、見てみなよ」とありますが、この時の倉橋君の気持ちとして、あてはまるものを次から一つ選び、記号で答えなさい。

ア　親友の言葉を思い出し、新しい環境《かんきょう》での生活に前向きになった気持ち。

イ　白石さんを見て、別れた親友のことを思い出し、寂しく思う気持ち。

ウ　桜蝶が旅立ったことで、観察が終わり、達成感を覚える気持ち。

ヒント

(4) 白石さんは、直前で「春とはもう、お別れなんだね……。」と呟いている。

(5) 桜蝶の群れは「ピンクの靄」と表現されている。

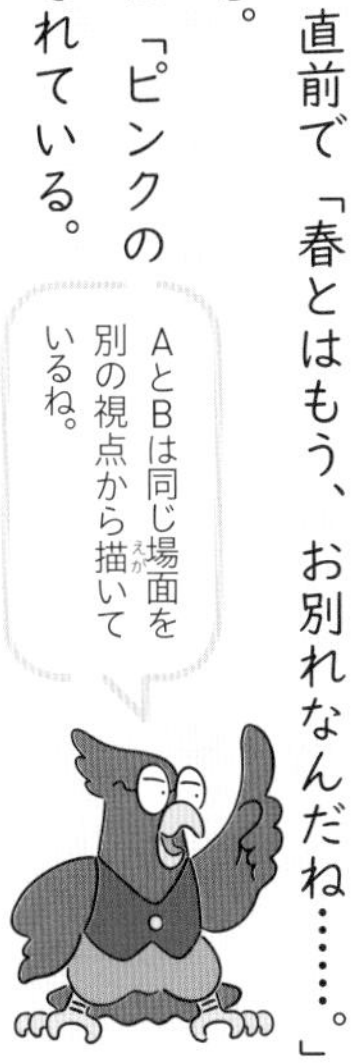
AとBは同じ場面を別の視点から描《えが》いているね。

Step 2

桜蝶《さくらちょう》

20分

／100

目標 75点

❶ 文章を読んで、問いに答えなさい。思

▼教 20ページ5行〜21ページ16行／22ページ12行〜23ページ12行

A

「桜蝶《さくらちょう》の旅立ちを見守ってて。」

そして、倉橋《くらはし》君はこんな話をし始めた。

「春が来ると南から北へ、桜の木に留まりながら旅をする蝶がいて。それが、桜蝶っていう蝶で。この蝶がやってくると桜が一斉《いっせい》に咲《さ》き始めるから、桜の開花を告げる蝶だとも言われててね。僕《ぼく》はここで偶然《ぐうぜん》見つけて毎日観察してたんだけど、そろそろ次の目的地に向かって飛び立つ気配を見せてるんだ。」

その時、倉橋君が「あっ。」と叫《さけ》んだ。それと同時に①信じられないことが起こった。目の前の桜の木から一斉に花びらが散ったかと思うと、地面に落ちることもなく、そのまま宙を飛び始めたのだ。よく見ると、それは花びらのような羽を持った淡《あわ》いピンクの蝶だった。

蝶は渦《うず》を巻きながら天高く昇《のぼ》っていく。夕空を、ピンクの靄《もや》が北に向かって移動していく。

その美しい光景に見惚《みほ》れながらも、白石《しらいし》さんはこう呟《つぶや》いた。

「春とはもう、お別れなんだね……。」

なんだか寂《さび》しい思いにとらわれていると、倉橋君が口にした。

「②そうだね。でも、ほら、見てみなよ。」

(1) 文章から、時間帯がわかる言葉を抜《ぬ》き出しなさい。

(2) ——線①「信じられないこと」について、答えなさい。

❶ 「信じられないこと」とは何ですか。説明しなさい。

❷ 「信じられないこと」の正体は何でしたか。文章から六字で抜き出しなさい。

(3) ——線②「そうだね。でも、ほら、見てみなよ」とありますが、この時、倉橋君は何を思い出していますか。簡潔に答えなさい。

(4) ——線③「そんな日々も、まもなく終わる」について、答えなさい。

❶ 「そんな日々」とは、どんな日々ですか。説明しなさい。

❷ なぜ終わるのですか。説明しなさい。

点UP

(5) ——線④「桜蝶はいなくなってしまうけど、今度は葉桜蝶が新しい季節を運んできてくれたみたいだね」とありますが、この言葉には倉橋君のどのような気持ちがこめられていますか。倉橋君にとっての「新しい」ものが何かを明らかにして、説明しなさい。

[解答▶p.2]

その指さす方――南の空に目をやって、白石さんは声をあげた。緑の靄が飛んできているのが見えたのだ。

倉橋君はほほえんだ。

「桜蝶はいなくなってしまうけど、今度は葉桜蝶が新しい季節を運んできてくれたみたいだね。」

B

僕は蝶を発見したその日から、公園へと毎日通った。そして、南の町から来た自分の境遇《きょうぐう》を桜蝶に重ねては、勝手に孤独《こどく》を分け合ってきた。

けれど、③そんな日々も、まもなく終わる――。

桜蝶が一斉に宙へと飛び上がったのは、次の瞬間《しゅんかん》のことだった。蝶はこれから旅立つのだ。さらに北の方へ向かって。

その時、飛んでいくピンクの靄を見つめながら、白石さんがポツリと言った。

「春とはもう、お別れなんだね……。」

それを聞いて、ハッとなった。僕の頭に別れぎわの親友の言葉がよみがえってきたからだ。

――別れは終わりなんかじゃない。始まりなんだよ――。

僕は白石さんにこう言った。

「そうだね。でも、ほら、見てみなよ。」

視線の先、南の空には緑の靄が浮《う》かんでいる。

④「桜蝶はいなくなってしまうけど、今度は葉桜蝶が新しい季節を運んできてくれたみたいだね。」

田丸雅智「桜蝶」より

2 ――線のカタカナを漢字で書きなさい。

1 海外にテンキンする。

2 コキョウに帰る。

3 心にトめる。

4 思いをツげる。

1	(1)	5点
	(2) ①	15点
	(2) ②	10点
	(3)	10点
	(4) ①	10点
	(4) ②	15点
	(5)	15点
2	1	
	2	
	3	
	4	各5点

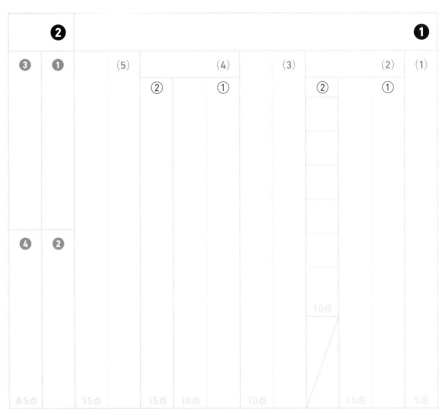

Step 2

文法の小窓1　言葉の単位

（ふしぎ〜漢字の練習1）

20分

／100
目標 75点

1 ――部の漢字の読み仮名を書きなさい。

1 仮名で書く。
2 貴い経験。
3 班長に推す。
4 危うい立場。
5 思いを秘める。
6 災いを避《さ》ける。
7 山の幸。
8 調査に基づく。
9 神業に感動する。
10 賞賛に値する。
11 蔵元を訪ねる。
12 空手の技をみがく。
13 一斉に歌う。
14 手を振る。
15 暮春のおもむき。

1

1	5	9	13
2	6	10	14
3	7	11	15
4	8	12	

各2点

2 カタカナを漢字に直しなさい。

1 サクラがさく。
2 虫のカンサツ。
3 力をタメす。
4 車をアヤツる。
5 オオゼイの参加者。
6 仲間がツドう。
7 事故をフセぐ。
8 コゼニを取り出す。
9 ハナゾノを歩く。
10 スミやかに去る。
11 こつをデンジュする。
12 ムナグルしい。
13 コトウの暮らし。
14 ジビカに通う。
15 一朝イッセキ。

2

1	5	9	13
2	6	10	14
3	7	11	15
4	8	12	

各2点

3 次の文章は句読点を省いてあります。句点（「。」）を打てる部分を三か所探して、順に記号で答えなさい。

・道に沿ってアたくさんの桜の木があるイ春に木はウ美しい花をたくさんエ咲《さ》かせてくれるオ私はこの道が好きだカ

4 文節について、次の問いに答えなさい。

(1) 文節のくぎり方として正しいものを一つ選び、記号で答えなさい。

・白い雲が空に浮《う》かんでいる。

ア 白い雲が／空に／浮かんでいる。

イ 白い／雲が／空に／浮かんでいる。

ウ 白い／雲が／空に／浮かんで／いる。

(2) 次の文を、例にならって文節にくぎりなさい。

例 図書館で／本を／読む。

❶ 僕《ぼく》はプールで友達と泳ぐ。

❷ 私は毎日日記を書いています。

3		完答10点
4	(1)	5点
	(2) ❶ 僕はプールで友達と泳ぐ。	5点
	❷ 私は毎日日記を書いています。	5点

5 単語について、次の問いに答えなさい。

(1) 単語のくぎり方として正しいものを一つ選び、記号で答えなさい。

ア 私は｜毎晩｜読書する。

イ 私｜は｜毎晩｜読書する。

ウ 私｜は｜毎晩｜読書｜する。

(2) 次の文を、例にならって単語にくぎりなさい。

例 図書館｜で｜本｜を｜読む。

・一日中雨が降った。

5	(1)	5点
	(2) 一日中雨が降った。	10点

テストに出る

文章……最も大きな言葉の単位で、小説や随筆《ずいひつ》や手紙の全体など。

段落……文章の中で、まとまった内容を表すひとまとまり。

文……段落の中で、一つのまとまった内容を表すひとくぎり。最後に「。」（句点）をつける。

文節……文を、不自然にならないように、できるかぎり細かくくぎったひとまとまり。

単語……文節をさらに細かく分けた、意味をもつ言葉の最小単位。

Step 1 自分の脳を知っていますか

15分

❶ 文章を読んで、問いに答えなさい。

▼教 34ページ3行〜37ページ3行

　何かを決断するときに、参考になりそうな要素はいくらでもあります。あれこれ全てを考えていては際限がありませんから、参考にすべき要素を選びながら決断しなくてはなりません。では、その場で最も適切と思われる要素を、人はどのように選ぶのでしょうか。それには、脳のどのようなはたらきが関わっているのでしょうか。この疑問を問うことで脳の奇妙《きみょう》な癖《くせ》が理解できます。

　次の実験例を見てみましょう。大好きなクッキーを選ぶ実験です。

　実験①では二枚のクッキーがあります。クッキーAとクッキーBは、置き方が異なりますが、同じクッキーです。この場合、当然ですが両者は半々の割合で選ばれます。

　では、実験②のように、新たにクッキーCを並べて、三枚にしたらどうでしょう。

実験①

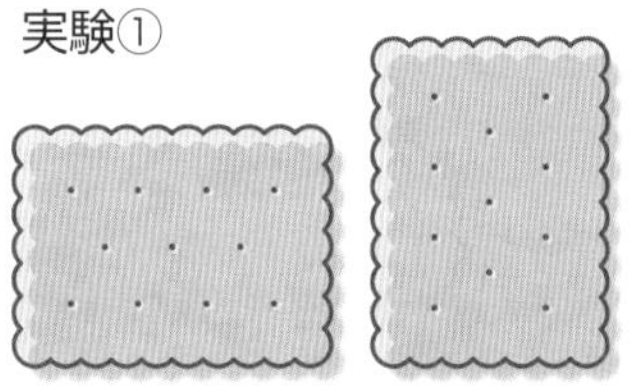

クッキー B　クッキー A

実験②

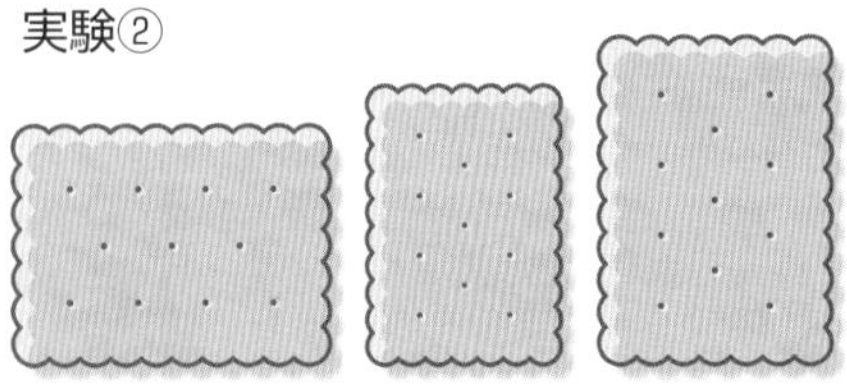

クッキー B　クッキー C　クッキー A

(1) 文章の全体の疑問を表す文を二つ探し、それぞれ初めの五字を抜《ぬ》き出しなさい。

□□□□□・□□□□□

(2) ――線①「意外なこと」とありますが、なぜ意外なのですか。あてはまるものを一つ選び、記号で答えなさい。

ア　異なるクッキーなのに、選ぶ人が半々に分かれるから。
イ　クッキーAを選ぶべきなのに、まちがう人が多いから。
ウ　同じクッキーなのに、選ぶ人の数がBにかたよるから。

（　）

(3) ――線②「おとり」とは、ここでは、どのような意味ですか。あてはまるものを一つ選び、記号で答えなさい。

ア　他をひきたてるために、犠牲《ぎせい》になるもの。
イ　存在しても、何の役にも立たないもの。
ウ　一方の選択肢《し》におびき寄せるもの。

（　）

(4) ――線③「クッキーBに軍配が上がります」について、答えなさい。

❶「軍配が上がる」とは、どのような意味ですか。次から一つ選び、

さすがに小さなクッキーCを選ぶ人はいませんが、①意外なことに、クッキーAを選ぶ人が減り、クッキーBを選ぶ人が増えます。これは「おとり効果」と呼ばれます。ここでは、クッキーCが②おとりの役割をしています。それ自体は選ばれることのないクッキーCですが、そこに存在することで、人の判断を変えてしまう現象です。

なぜこのような判断をするのでしょう。ヒトはいくつかの要素を比較《ひかく》して、少しでも得なほうを選ぼうとします。ここでは、一目で判断できる要素である、「幅《はば》」と「高さ」に着目します。クッキーAは、幅ではクッキーCに勝《まさ》っていますが、高さでは劣《おと》っています。一方、クッキーBは幅でも高さでもクッキーCよりも優《すぐ》れています。ですから③クッキーBに軍配が上がります。これがクッキーBを選ぶ人が増える理由です。

一見理不尽《りふじん》な判断にも思えますが、これは脳がもともともっている癖です。なぜなら、同じ実験をヒトに近いチンパンジーに対して行っても、ヒトと似た結果が得られるからです。判断をすばやく行うために、必要な要素を直感的に選び抜《ぬ》くのです。

脳は、必ずしも合理的に物事を判断しているのではありません。同じ選択《せんたく》でも、状況《じょうきょう》によって判断が変わります。本人は論理的に考えているつもりかもしれませんが、知らず知らずのうちに判断の方法が変わり、非合理的な決断に陥《おちい》ってしまうことがあるのです。

池谷 裕二「自分の脳を知っていますか」より

記号で答えなさい。

ア 敗北する　イ 勝利する

ウ 引き分けになる

（　　）

2 なぜクッキーBに軍配が上がるのですか。□にあてはまる言葉を文章から探し、aは一字、bは二字で抜き出しなさい。

・クッキーCと「a」と「b」を比べたときに、クッキーAは片方しか勝っていないが、クッキーBはどちらも優れているから。

a □

b □□

(5) 〜〜〜線「奇妙な癖」とありますが、文章で挙げられているのはどのような癖ですか。□にあてはまる言葉を文章から探し、四字で抜き出しなさい。

・論理的に考えているつもりでも、知らず知らずに□な決断に陥ってしまう癖。

□□□□

ヒント

(2) 実験①で、結果が半々になることを「当然ですが」と述べている。

(3) 「おとり」のもとの意味は、「他の動物を招き寄せるために使う同類の動物」。

Step 2

自分の脳を知っていますか

20分

／100

目標 75点

❶ 文章を読んで、問いに答えなさい。 思

▼教 36ページ16行〜38ページ4行

1 脳は、必ずしも合理的に物事を判断しているのではありません。同じ選択《せんたく》でも、状況《じょうきょう》によって判断が変わります。本人は論理的に考えているつもりかもしれませんが、知らず知らずのうちに判断の方法が変わり、非合理的な決断に陥《おちい》ってしまうことがあるのです。

2 どうしてこのような①奇妙《きみょう》な癖《くせ》があるのでしょうか。

3 野生の動物を想像してください。例えば、天敵のライオンに狙《ねら》われているシマウマが、どの方角に逃《に》げるべきかをじっくりと考えていたら、その間に命を落としてしまうかもしれません。②すばやく要素をしぼり、限られた要素からすばやく正確な判断ができる動物こそが、無事に生き残ることができます。

4 このことからも、判断をすばやく行うための効率化を進めた結果、脳に奇妙な癖ができたと考え

(1) ――線①「奇妙な癖」とありますが、なぜ「奇妙」なのですか。説明しなさい。

(2) ――線②「すばやく要素をしぼり」とありますが、すばやく要素をしぼることができるようにすることを文章では何といっていますか。文章から三字で抜き出しなさい。

(3) ――線③「幼児は要素をうまくしぼることができない」とありますが、それはなぜですか。説明しなさい。

(4) ――線④「よけいなことに気を配る」とは、何をすることですか。あてはまるものを次から一つ選び、記号で答えなさい。

ア 判断に不要な要素について考えること。
イ 要素をしぼるための経験を積むこと。
ウ 要素をまちがえて、まちがった判断をすること。

(5) 例を挙げて、問いへの答えをわかりやすく説明しているのは、どの段落ですか。算用数字で答えなさい。

点UP

(6) ――線⑤「これが落とし穴になる」とはどういうことですか。「すばやい判断」という言葉を使って、説明しなさい。

られます。

5 すばやい判断のための直感は、長年の経験に基づいています。③幼児は要素をうまくしぼることができないために、判断に時間がかかったり、判断をまちがえたりしがちですが、成長の過程で多くの経験を通じて、不要な要素をすばやく取り除くことができるようになります。④よけいなことに気を配る手間が省かれ、効率よく生きられるようになります。これが直感のもたらす最大の恩恵《おんけい》です。

6 しかし、直感はいつでも正しいとは限りません。特殊《とくしゅ》な条件がそろうと、誤った判断に陥ってしまうこともあります。クッキーの実験の例では、本来はクッキーの面積を比較《ひかく》するべきです。しかし、面積の計算には時間がかかるので、つい、幅《はば》と高さという簡単な要素にしぼって比較してしまいます。⑤これが落とし穴になるのです。

池谷 裕二「自分の脳を知っていますか」より

2 ——線のカタカナを漢字で書きなさい。

❶ タガいに助け合う。
❷ スランプにオチイる。
❸ 商品をヒカクする。
❹ 悪いクセを治す。

1	(1)	15点
	(2)	15点
	(3)	15点
	(4)	5点
	(5)	10点
	(6)	20点
2	❶ ❷ ❸ ❹	各5点

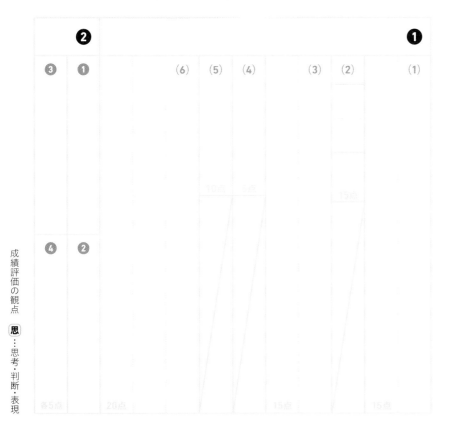

Step 2

漢字の広場1　漢字の部首／言葉の小窓1　日本語の音声
（自分の脳を知っていますか～言葉の小窓1）

20分

／100

目標 75点

1 ――部の漢字の読み仮名を書きなさい。

① 追い抜く。
② 人を軽侮する。
③ 草を刈る。
④ じょうぶな顎。
⑤ 窒素を使う。
⑥ 木々が茂る。
⑦ 怨念を晴らす。
⑧ 安泰を願う。
⑨ 囚人と看守。
⑩ 恣意的な判断。
⑪ 港湾の船。
⑫ 十分な睡眠をとる。
⑬ 病気に対する免疫。
⑭ 言葉の羅列。
⑮ 彼女は才媛だ。

1			
①	⑤	⑨	⑬
②	⑥	⑩	⑭
③	⑦	⑪	⑮
④	⑧	⑫	

各2点

2 カタカナを漢字に直しなさい。

① 奇《き》ミョウな動き。
② 答えがチガう。
③ カクゴを決める。
④ ソボクな味わい。
⑤ ジュウジツした生活。
⑥ トウナン事件。
⑦ 方向オンチ。
⑧ オウギを広げる。
⑨ ねこのニンシン。
⑩ シンシツで休む。
⑪ ヒョウショウ式。
⑫ ガンコな性格。
⑬ ごみのハイキ。
⑭ トクメイの電話。
⑮ 家のシキチ。

2			
①	⑤	⑨	⑬
②	⑥	⑩	⑭
③	⑦	⑪	⑮
④	⑧	⑫	

各2点

❸ 日本語の音声について、次の問いに答えなさい。

(1) 「シ」「ル」はローマ字で書くと「si」「ru」と書きます。これに関する次の❶〜❸の問いについて、それぞれ漢字二字で答えなさい。

❶ これらの「s」「r」のような最初の部分の音をなんというか。

❷ これらの「i」「u」のようなあとの部分の音をなんというか。

❸ 「si」「ru」のような❶と❷を組み合わせたまとまりをなんというか。

(2) 次の共通語のアクセントを表す言葉は、ア「雨」、イ「(食べ物の)飴《あめ》」のどちらですか。それぞれ記号で答えなさい。

❶
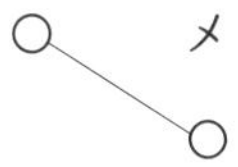

❷
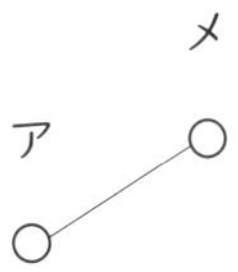

(3) 次の言葉を「食事に行きませんか?」という意味で言うとき、「行かない」の部分は、アとイのどちらのイントネーションが適切ですか。記号で答えなさい。

ア 食事に行かない →

イ 食事に行かない ↗

❸		
(1)	❶ ❷ ❸	各2点
(2)	❶ ❷	各2点
(3)		2点

❹ 漢字の部首について、次の問いに答えなさい。

(1) 次の漢字の部首名をあとから一つずつ選び、記号で答えなさい。

❶ 道　❷ 顔　❸ 形　❹ 医

❺ 第　❻ 術　❼ 熟　❽ 厘

ア れんが　イ たけかんむり　ウ さんづくり

エ かくしがまえ　オ がんだれ　カ しんにょう

キ ゆきがまえ　ク おおがい

(2) 次の漢字に共通してつけられる部首を考え、その部首名を平仮名で書きなさい。

❶ 木・反・以・意・左

❷ 女・寸・谷・各・祭

❹		
(1)	❶ ❷ ❸ ❹ ❺ ❻ ❼ ❽	各3点
(2)	❶ ❷	各2点

テストに出る

・偏《へん》　・旁《つくり》　・冠《かんむり》　・脚《あし》　・垂《たれ》　・構《かまえ》　・繞《にょう》

Step 1

ベンチ

15分

❶ 文章を読んで、問いに答えなさい。

▼教 52ページ下6行～54ページ下2行

　もうあの赤いれんが造りの家まで来ていたな。通りのことは全然気にかけないで、うつむいて、ただ爪先《つまさき》ばかり見つめて歩いていた。そしたら、突然《とつぜん》、僕《ぼく》の前を①女の子が歩いているのが目に入ってきたんだ。

　とっても小さな足なんだよ。僕はそのまま、ずっと、彼女《かのじょ》の後ろを歩いていった。彼女の足の運び方、そして提《さ》げている重そうな網《あみ》になった袋《ふくろ》を、じっと眺《なが》めながら歩いていった。

　②袋の中身は、りんごだった。しわしわになる種類のやつさ。一つ欲《ほ》しくてしようがなかった。一つ落ちないかな、A落ちたらさっとかすめ取ってやるんだけどな、って思ってたんだ。そうしたら、僕が思ったとおりに、バリッと袋が裂《さ》けて、中の宝物が全部道いっぱいに転がってしまったのさ。

　女の子は振り返ったと思うと、両手を口の前で合わせて、『まあ、だめな袋！　やっぱり戦時中の物だわ。』って言った。

　僕はりんごを拾い集めるのを手伝ってあげた。一緒《いっしょ》に網の袋の中へ入れたんだけど、その袋ときたら、だめなんだ。どうしようもないんで、③とうとう、彼女の家まで一緒に提げていってあげたんだ。

　ヘルガって名前だった。お父さんは兵隊でね。彼女は幼稚園《ようちえん》で働いているんだ。休みの日に田舎《いなか》に行って、自分で編んだ鍋《なべ》つかみと

(1) ——線①「女の子」とありますが、「ヘルガ」と表現していないのはなぜですか。簡潔に説明しなさい。

(2) ——線②「袋の中身は、りんごだった」とありますが、そのりんごをたとえた別の言葉を文章から二字で抜き出しなさい。

(3) ——線③「とうとう、彼女の家まで一緒に提げていってあげたんだ」とありますが、そうしたのはどんな気持ちからですか。次から一つ選び、記号で答えなさい。

ア　かわいい女の子とぜひ知り合いたいという熱い気持ち。
イ　一つだけりんごをもらえないかと思う貧しい気持ち。
ウ　困っている人を助けてあげたいという親切な気持ち。

(4) ——線④「夜、僕はもう、ヘルガの夢ばかり見た」とは、どういうことですか。あてはまるものを一つ選び、記号で答えなさい。

ア　ヘルガに恋《こい》をして、夢中になっている。
イ　ヘルガのことが頭から離《はな》れずにうなされている。

交換《こうかん》に、りんごをもらっての帰り道だったのさ。

　家の玄関《げんかん》までゆくと、彼女は感じのいい顔で僕をじっと見つめて、『どうもありがとう！　さよなら！』って言った。そして、りんごを一つくれた。でもそのりんご、Ｂ僕は食べないで、今もまだとってあるんだ――思い出にね。

　僕は大急ぎで知り合いの家に行ってスパゲッティを受け取ると、帰り道、その幼稚園に寄って、いつも夕方の何時頃《ごろ》に終わるのか尋《たず》ねた。

　それから、僕は毎日夕方になるとその幼稚園に行って、立って待っていた。ヘルガが出てくると、ヘルガの目につくように、すっと歩き始めた。そして彼女が僕の方を見るのを待って、挨拶《あいさつ》した。

　初め、彼女はびっくりした。びっくりして目をぱっと開くと、もっときれいになるんだ！　④夜、僕はもう、ヘルガの夢ばかり見た。

　一週間たつと、毎晩、彼女の家まで送っていくようになったんだ。あのうれしかった気持ち、君には説明できないな！　僕たちは、話はあまりしなかった。ただ並んで歩いていられるだけで、よかったんだ。ときどき、ヘルガが横から僕の顔をじっと見ていた。……

　だけどさ、ヘルガは僕がフリードリヒ＝シュナイダーという名前だということしか知らなかったんだよな。それ以外のことは、なんにも知らなかった。⑤僕も話せなかった。話したら、もう会えなくなるもの。


ハンス＝ペーター＝リヒター／上田　真而子訳「ベンチ」

〈あのころはフリードリヒがいた〉より

ウ　ヘルガのことが気になって夜も寝られないでいる。

(5)　――線⑤「僕も話せなかった」とありますが、何を、なぜ話せなかったのですか。□にあてはまる言葉を文章から探し、aは二字、bは四字で抜き出しなさい。

・[a]以外のことは、もう[b]なので、話せなかった。

a □□　b □□□□

(6)　〰〰線A・Bについて、「僕」は、なぜこのように心変わりしたのですか。あてはまるものを次から選び、記号で答えなさい。

ア　ヘルガからもらったりんごは貴重なもので、家族と食べようと思ったから。
イ　ヘルガのことが好きになり、思い出としてとっておきたいと思ったから。
ウ　ヘルガからりんごはもらったけれど、りんごがあまり好きではなかったから。

ヒント

(2)　「僕」は、りんごが欲しいと思っている。そのことをふまえて文章を探す。
(3)　直前には、りんごを入れる袋がだめなことが述べられている。

Step 2

ベンチ

20分

／100

目標 75点

❶ 文章を読んで、問いに答えなさい。 思

▼ 教 55ページ上6行〜56ページ下7行

僕《ぼく》たちは公園の中を散歩した。ヘルガは詩を口ずさんだ。たくさん知ってるんだ。

僕はできるだけ人に出会わないよう、横道をよって歩いた。しばらくすると、ヘルガが腰《こし》を下ろしたいと言いだしたんだ。

僕はどうすればいいのかわからなかった。だめだって言うわけにはいかないし、うまい①言い訳も見つからないでいるうちに、緑のベンチのところに来てしまった。ヘルガはすぐ腰をかけた。

②僕はそのベンチの前に立ったまま、足を踏《ふ》みかえたりして、もじもじしていた。腰を下ろす勇気はなかったからな。誰《だれ》か通りかかったら大変なので、そわそわ辺りを見回していたんだ。

『どうしておかけにならないの?』ってヘルガがきいたけど、言い訳も思いつかなかった。③『おかけなさいよ!』と言われて、僕は本当に腰を下ろしてしまった。

でも、④気が気じゃなかった。知ってる人が通りかかりでもしたら、と思ってね。だから、もぞもぞしてたんだな。

ヘルガはそれに気がついた。そしてハンドバッグから小さいチョコレートを出して割ると、僕にくれた。

いつからチョコレートを食べてなかったことか。だけど、おいしいとは思わなかった。うわのそらだったから。お礼を言うのさえ忘

(1) ——線①「言い訳」とありますが、何の言い訳ですか。説明しなさい。

(2) ——線②「僕はそのベンチの……もじもじしていた」とありますが、なぜ「僕」は立ったままでいたのですか。「そのベンチ」が指す内容を明らかにして答えなさい。

(3) ——線③「『おかけなさいよ!』と言われて、僕は本当に腰を下ろしてしまった」とありますが、なぜ「僕」は腰を下ろしたのですか。□にあてはまる言葉を、文章から四字で抜き出しなさい。

・ヘルガに□だと知られたくなかったから。

(4) ——線④「気が気じゃなかった」という気持ちが表れている「僕」の様子を、文章中から七字で抜き出しなさい。

(5) この文章から作者のどんな気持ちが感じ取れますか。それを説明した次の文の三つの□に共通してあてはまる言葉を四字で考えて書きなさい。

・□に苦しむ「僕」の姿と、□が障害になっている「僕」とヘルガの関係を描《えが》くことで、□に抗議《こうぎ》する気持ち。

点UP

(6) ——線⑤「ヘルガは、その黄色いベンチに腰を下ろした」とありますが、ここからヘルガのどんな考え方がわかりますか。説明しなさい。

れていた。

ヘルガは詩集を膝《ひざ》の上に載《の》せていたんだけど、それは読まないで、僕をじっと見つめていた。そしてときどき、なんか尋《たず》ねた。なんて答えたのか、覚えていない。ただもう緑のベンチが恐《おそ》ろしくて、他のことは何も考えられなかった。

急に、ヘルガが立ち上がった。そして僕の腕《うで》に手をかけると、引っぱっていった。

いくらも行かないうちに、黄色のベンチのところに来た。《ユダヤ人専用》って書いてあるベンチさ。

ヘルガはそのベンチの前に立ち止まると、僕にきいたんだ。『このほうが落ち着いてかけていらっしゃれるの?』って。

僕はぎくりとした。『どうしてわかったんだい?』

すると、⑤ヘルガは、その黄色いベンチに腰を下ろしたんだ! そして、『そう思ったの!』と言った。なんでもないことのように、さらりと言ったんだ!


ハンス=ペーター=リヒター/上田 真而子 訳「ベンチ」

〈あのころはフリードリヒがいた〉より

2 ――線のカタカナを漢字で書きなさい。

① 痛みをガマンする。
② 手のツメを切る。
③ 棒がタオれる。
④ キュウカの予定。

1						2	
(1)	(2)	(3)	(4)	(5)	(6)	①	③
						②	④
15点	15点	15点	5点	10点	20点	各5点	

成績評価の観点 思…思考・判断・表現

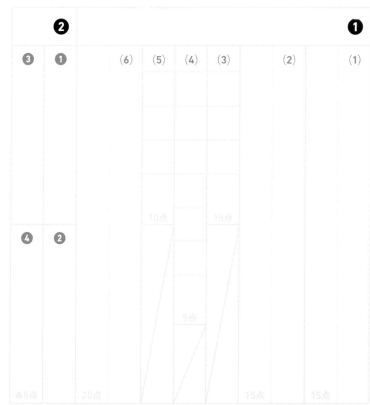

Step 1

全ては編集されている

15分

1 文章を読んで、問いに答えなさい。

▼教 62ページ上1行～63ページ上15行

メディアにふれるうえで、まずは自覚していただきたいこと。それは、「全ては編集されている」ということです。
①バラエティ番組を見ていると、タレントの発言の一つ一つにテロップ（字幕）がつきます。番組を収録したあと、編集でテロップを書き込《こ》んでいくのですね。タレントどうしのやりとりが目まぐるしく出てきますから、見ていれば、「ああ、不必要な場面はカットして、おもしろいやりとりだけをつないだのだなあ。」ということがわかります。
しかし、編集されているのは、バラエティやドラマばかりではないのです。ニュースもまた同じです。

私がＮＨＫに入ったのは一九七三年のことです。駆《か》け出し記者として、島根県松江《まつえ》市で警察や消防を担当していました。ある日のこと、島根県の消防学校の卒業式を取材しました。

最初に講堂で行われた卒業式は、学校長の式辞など、型どおりのものでした。でも、そこは消防学校。卒業式のあと、出動服に着替《きが》えた学生たちが、訓練で身につけた技術を披露《ひろう》するのです。

(1) ――線①「バラエティ番組」での編集の例として、文章ではどのようなことが挙げられていますか。□にあてはまる言葉を文章から探し、aは四字、bは三字で抜き出しなさい。
・タレントの発言に[a]がつくこと。
・不必要な場面を[b]して、おもしろいやりとりをつなぐこと。

a □□□□
b □□□

(2) ――線②「原稿の順番を変えよう」とありますが、順番を変えるねらいは何ですか。次の□にあてはまる言葉を文章から探し、aは五字、bは三字で抜き出しなさい。
・このままでは[a]ないから、順番を入れ替えて[b]の興味をひくねらい。

a □□□□□
b □□□

(3) ――線③「順番を逆にしていいの？」とありますが、順番を逆にしてもよいのはなぜですか。次から一つ選び、記号で答えなさい。
ア 原稿がちゃんとしていれば、嘘にはならないから。
イ 視聴者はニュースが編集されていることを知っているから。
ウ できごとの順番はあまり重要なことではないから。

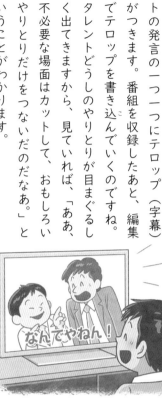

これを取材した私は、卒業式の様子から、順番に原稿《げんこう》を書いてデスクに提出しました。デスクとは、若い記者が書いた原稿をチェックするベテラン記者のことです。

私の原稿を読んだデスクは、②「原稿の順番を変えよう。」と言い出しました。私の原稿は、できごとを順番に記していました。これでは、テレビの映像としておもしろくないというのです。まずは消防技術の披露の映像を見せて視聴《しちょう》者の興味をひき、そのあとで卒業式のことを伝えようというわけです。

③順番を逆にしていいの？　などと私は疑問に思ったのですが、そこはベテランのデスク。原稿をうまく直します。消防技術披露のことを先に書いたあと、「④これに先立ち、消防学校では……」と直したのです。

これなら、まちがいではありませんね。順番を逆に編集しています、という説明にもなっています。そうか、順番を逆にしても、原稿がちゃんとしていれば、嘘《うそ》にはならないのだ。私は感心しました。⑤ニュースも編集されている、というのは、例えばこういうことなのです。

池上彰「全ては編集されている」
〈池上彰のメディア・リテラシー入門〉より

(4) ——線④「これに先立ち、消防学校では……」とありますが、「……」に省略されている言葉を考えて書きなさい。

(5) ——線⑤「ニュースも編集されている、というのは、例えばこういうことなのです」とありますが、文章で述べられているニュースの編集の例はどのようなことですか。次から一つ選び、記号で答えなさい。

ア　記事を書くために、取材に出かけること。
イ　おもしろくするために、字幕をつけること。
ウ　興味をひくために、物事の順番を逆にすること。

ヒント

(1) 「バラエティ番組」とは、トーク、歌、クイズなど、さまざまな種類の娯楽《ごらく》を取り入れたテレビ番組のこと。バラエティ番組の編集の例は、——線①と同じ段落に着目する。

(2) 順番どおりの原稿だと、型どおりの卒業式の映像が初めにくることになる。そのような映像について、デスクは何と言っているか読み取る。

Step 2

漢字の広場2　画数と活字の字体

（ベンチ〜漢字の広場2）

20分

／100　目標 75点

1 ―部の漢字の読み仮名を書きなさい。

① いい匂い。
② 突然起こる。
③ 袋に入れる。
④ 幼稚園に通う弟。
⑤ 田舎の風景。
⑥ 挨拶を交《か》わす。
⑦ じっと黙る。
⑧ 乳母車。
⑨ 重いドアを押す。
⑩ 膝を伸《の》ばす。
⑪ 本に詩が載る。
⑫ 厳しく叱る。
⑬ 滋養にいい食品。
⑭ 空き瓶を洗う。
⑮ 心の葛藤。

1			
①	⑤	⑨	⑬
②	⑥	⑩	⑭
③	⑦	⑪	⑮ 各2点
④	⑧	⑫	

2 カタカナを漢字に直しなさい。

① ボクは中学生だ。
② コウガイに住む。
③ アミで魚をとる。
④ 景色をナガめる。
⑤ ナベで野菜を煮《に》る。
⑥ ゲンカンを出る。
⑦ 行いをハじる。
⑧ コシを下ろす。
⑨ 失敗をオソれる。
⑩ 辞書のサクイン。
⑪ 食欲をヨクセイする。
⑫ シュリョウ民族。
⑬ キレツが入る。
⑭ ロウカを歩く。
⑮ 家のソウジ。

2			
①	⑤	⑨	⑬
②	⑥	⑩	⑭
③	⑦	⑪	⑮ 各2点
④	⑧	⑫	

❸ 漢字の総画数に関する次の問いに答えなさい。

(1) 小学校で学習した次の漢字の総画数を書きなさい。

❶ 納　❷ 世　❸ 道　❹ 似　❺ 批　❻ 延

❼ 策　❽ 蒸　❾ 卵　❿ 健　⓫ 郵

(2) 次の漢字を総画数が少ない順に並べなさい。

ア 劇　イ 裏　ウ 階　エ 郷

(3) 次の漢字の総画数を書きなさい。

❶ 忌　❷ 隙

(4) 次の漢字のうち、総画数が異なるものを一つ選び、記号で答えなさい。

ア 詣　イ 鹿　ウ 崖　エ 陵

❸				
(1)	❶	❷	❸	❹
	❺	❻	❼	❽
	❾	❿	⓫ 各2点	
(2)		↓	↓	↓ 完答2点
(3)	❶	❷ 各2点		
(4)	3点			

❹ 活字の字体に関する次の問いに答えなさい。

(1) 次の活字の字体を、あとから一つずつ選び、記号で答えなさい。

❶ 確認《かくにん》・畜産《ちくさん》

❷ 食卓《しょくたく》・京浜《けいひん》

❸ 交換《こうかん》・彼女《かのじょ》

ア 明朝《みんちょう》体　イ ゴシック体　ウ 教科書体

(2) 明朝体の特徴《とくちょう》として、あてはまるものを次から一つ選び、記号で答えなさい。

ア 手書きの文字を基本にして作られていて、字の形や画数を確かめるのに便利である。

イ 読みやすくデザインされていて、新聞や本で一般《いっぱん》的に使われている。

ウ 縦画や横画が同じ太さになるようにデザインされていて、強調したい部分に使用すると効果的である。

❹			
(1)	❶	❷	❸ 各2点
(2)	3点		

テストに出る

明朝体は縦線が太く、横線が細い。ゴシック体は縦線と横線が同じ太さ。教科書体は文字を書くときの手本となるよう、書かれた文字を基本にして作られた。

Step 1

「エシカル」に生きよう

15分

❶ 文章を読んで、問いに答えなさい。

▼教 80ページ下9行～81ページ下19行

私たちにとってあたりまえとなっている手ごろな価格のTシャツ。しかし、その①「あたりまえ」の向こう側には驚《おどろ》くような現実があるのです。多くのTシャツは綿から作られています。世界では約一億世帯の農家が綿花の生産に従事しており、うち九〇%は開発途《と》上《じょう》国の人たちです。一般《いっぱん》的な農業では、農薬による被害《ひがい》で毎年約三十五万人が亡《な》くなっています。綿花栽培《さいばい》に目を向ければ、世界中の農耕面積のうち、綿花に使用しているわずか二・五%足らずの土地に、約十六%もの殺虫剤《さっちゅうざい》が使用されていることから、少なくない数の綿花農家の人々が命を落としていると考えられます。また、インドの綿花畑では、四〇万人以上の子どもたちが劣悪《れつあく》な労働を強《し》いられています。

綿花が育てられ、そこから糸が紡《つむ》がれ、布が織られ、Tシャツが作られます。多くの人が携《たずさ》わってくれるおかげで、私たちはTシャツを買い、それを着ることができるのです。

いったい、②私たちはどうやってこの現状と向き合えばよいのだろうか、と不安になる人がいるかもしれません。実は私たち消費者にこそ、この現実を解決し、変化を起こす一端《いったん》を担《にな》う力があるのです。皆《みな》さんは「エシカル」という言葉を聞いたことがありますか。エ

(1) ――線①「『あたりまえ』の向こう側には驚くような現実がある」とありますが、どのような現実ですか。□にあてはまる言葉を文章から探し、aは二字、bは三字、cは五字で抜き出しなさい。

・綿花の生産に従事する農家の[a]%は途上国の人たちであること。
・多くの綿花農家の人々が[b]で命を落としていると考えられること。
・多くの子どもたちが[c]を強いられていること。

a
b
c

(2) ――線②「私たちはどうやってこの現状と向き合えばよいのだろうか」について、答えなさい。

❶ 「この現状」とは、どのような現状ですか。□にあてはまる言葉を文章から探し、六字で抜き出しなさい。

・□の犠牲の上に製品が成り立っている現状。

❷ ――線②と思う人に対して、筆者は何をするように提案していますか。文章から六字で抜き出しなさい。

シカルとは、直訳すると「倫理的《りんり》な」という意味で、法律の縛《しば》りはないけれども多くの人が正しいと思うこと、または社会的規範《きはん》をさす言葉です。最近、日本でも「エシカル消費」が注目され始めています。ここでいうエシカルとは、人や地球環境《かんきょう》、社会、地域に配慮《はいりょ》した考え方や行動のことをいいます。つまり、エシカルな消費とは、人や地球環境の犠牲《ぎせい》の上に立っていない製品を購入《こうにゅう》することであって、いわば「顔や背景が見える消費」ともいえます。

今、世界の緊急《きんきゅう》課題である、貧困《ひんこん》・人権・気候変動の三つの課題を同時に解決していくために、この「エシカル」という概念《がいねん》が有効だといわれています。

例えば、Tシャツをエシカルな観点から購入するとは、どういうことでしょうか。働く農家にも、土壌《どじょう》にも優《やさ》しい有機栽培された綿を使って作られるオーガニックコットンのTシャツや、途上国の生産者に適正な価格を支払《しはら》い、彼らの生活改善と自立を目ざすフェアトレードのTシャツ、丈夫《じょうぶ》で長持ちする品質のよいTシャツ、リサイクルが可能な素材を使用したTシャツ、古着としても人気が出そうな飽《あ》きのこないデザインのTシャツなど、実に多様な選択肢《せんたくし》があります。

このように、エシカル消費とは、③製品の過去、現在、未来を考えて消費をすることです。過去とは、製品が作られる工程が透明《とうめい》性をもってわかること。現在とは、手にしている製品を長く大切に使い続けること。未来とは、製品を手放すときに、地球環境に配慮した方法かどうかまでを考えること。私たちは製品を購入する際、その未来のことも考えて一生付き合っていく必要があります。

末吉 里花「『エシカル』に生きよう」より

(3) ――線③「製品の過去、現在、未来を考えて消費をすること」について、答えなさい。

❶ 「製品の過去、現在、未来を考えて消費をする」とは、どういうことですか。次から一つ選び、記号で答えなさい。

ア 作られた工程が明らかなもの、長く使えるもの、手放す際、地球環境に配慮した方法で処分できるものを買うこと。

イ 品質の悪いもの、買い替《か》える必要のないものであっても、生産者を支えるために、定期的に買い続けること。

ウ 過去、現在の流行を調べて、将来また流行しそうなものを予測して買うこと。

（　　）

❷ ――線③のように消費することは、どのようなことを解決するために有効ですか。文章から三つ抜き出しなさい。

（　　）（　　）（　　）

ヒント

(1) ――線①と同じ段落に着目する。三つの要素に分けて書かれている。

(3) ❷「オーガニックコットンのTシャツ」などの例は、何を解決するための選択肢なのか考える。

Step 1

森には魔《ま》法《ほう》つかいがいる

15分

❶ 文章を読んで、問いに答えなさい。

▼教 90ページ2行～92ページ7行

　昭和三十年代から四十年代は工業優先の時代でした。干潟は埋《う》め立てられて工場が建ち、工場廃水が海にたれ流しにされました。川の流域も開発が進み、①そのしわ寄せは、川が海に流れ込《こ》む汽水域、つまり河口に集中するようになっていました。

　カキの養殖《ようしょく》場は、日本中、いえ、世界中どこでも汽水域、つまり河口です。そこで育つカキの好きな植物プランクトンは、「珪藻《けいそう》」という種類です。ところが、海が汚《よご》れて「渦鞭毛藻《うずべんもうそう》」という赤潮を起こすプランクトンが大発生するようになりました。こうなると、カキの成長が悪くなり、ときには死んでしまいます。

　一九六二（昭和三十七）年、水産高校を卒業した私は、実家のカキ養殖業を継《つ》いで、漁師になっていました。きれいな海を取り戻《もど》すにはどうしたらいいのだろう。――仲間たちと話し合っていて思い出したのは、中学生の時に聞いた②〝森には魔法《まほう》つかいがいる〟という今井《いまい》先生の言葉です。

　私は、はっとしました。今まで海のほうばかり向いて考えていましたが、森を見なければいけないのではないかと気がついたのです。

　そこで、気仙沼《けせんぬま》湾に注ぐ大川《おおかわ》の河口から上流に向かって歩いてみました。

　やはり山が荒《あ》れていました。山には、手入れのされていない杉《すぎ》

(1) ――線①「そのしわ寄せは、……集中するようになっていました」とありますが、河口ではどのようなことが起こっていましたか。□にあてはまる言葉を文章から探し、aは二字、bは四字で抜き出しなさい。

・海が汚れて、［a］を起こす「［b］」が大発生した。

a
b

(2) ――線②「森には魔法つかいがいる」という言葉によって、筆者は何に気づきましたか。あてはまるものを次から一つ選び、記号で答えなさい。

ア　このまま漁師を続けていくには、きれいな海を取り戻《もど》す必要があるのではないかということ。

イ　海をきれいにするためには、森が大きな役割を果たすのではないかということ。

ウ　漁業を続けていくよりも、林業を営むほうがよいのではないかということ。

（　）

(3) ――線③「レイチェル＝カーソンが書いた『沈黙の春』という本を思い出しました」とありますが、なぜ思い出したと考えられますか。次から一つ選び、記号で答えなさい。

ア　農地から生き物が消えるという内容が現状と似ていたから。

林《ばやし》が広がっています。間伐《かんばつ》されない杉林には日の光が入らず、下草が生えていません。そのようなところには虫や鳥もいません。土はぱさぱさに乾《かわ》いています。大雨が降るとたちまち海に泥《どろ》水《みず》が流れてくるのは、このためだとわかりました。

水田地帯に行ってみると、しいんとしています。生き物の気配が感じられません。③レイチェル＝カーソンが書いた『沈黙《ちんもく》の春』という本を思い出しました。農薬や除草剤《ざい》を大量に使うようになった農地から生き物が姿を消し、静かになってしまったというストーリーです。

私はそこで、川の流域に暮らしている人たちと、海で仕事をする漁師たちとの間で、④「森と川と海は一つなのだ。」という価値観を共有しなければならないと思いました。

そのためにはどうすればいいのか、いろいろ考えて始めたのが、漁師による森づくり〝森は海の恋人《こいびと》〟です。大川上流の室根《むろね》山に、落葉広葉樹を植える運動です。一九八九（平成元）年九月のことでした。

畠山 重篤「森には魔法つかいがいる」より

イ 春の静かで美しい田園の光景が本の内容を重なったから。
ウ 農薬や除草剤が野菜の生育に重要と本に書いてあったから。

(4) ――線④「『森と川と海は一つなのだ。』という価値観を共有しなければならない」について、答えなさい。

❶ 「『森と川と海は一つなのだ。』という価値観」とはどのような価値観ですか。次から一つ選び、記号で答えなさい。
ア 海の環境《かんきょう》よりも川や森の環境のほうが大切だという価値観。
イ 森も川も海も、かけがえのない大切なものだという価値観。
ウ 森の状況《じょうきょう》が、川を通して、海に影響《えいきょう》を与《あた》えるという価値観。

❷ ――線④のように考えた筆者が取り組んだことは何ですか。取り組みの名前を文章から六字で抜き出しなさい。

ヒント
(1) 次の段落に河口で起こったことが述べられている。
(2) 次の段落に「今まで海のほうばかり向いて考えていましたが、森を見なければいけないのではないか」とある。

Step 2

森には魔《ま》法《ほう》つかいがいる

20分

／100

目標 75点

❶ 文章を読んで、問いに答えなさい。思

▼教 92ページ8行～94ページ15行

そしてその翌年、北海道大学の松永勝彦《まつながかつひこ》先生と出会い、森と海とをつなぐ科学的なメカニズムを知ることができたのです。

「森林は海に鉄を供給する役目をしています。」と、松永先生は話し始めました。「えっ、鉄？」意外なキーワードの登場です。それはこういうことでした。

皆《みな》さんも、鉄が人間にとって①大切な栄養素であることは知っていますよね。

血液中にある赤血球は、鉄を含《ふく》んだ細胞《さいぼう》です。赤血球はその鉄に酸素をつけて、体のすみずみまで運んでいます。鉄は酸素と仲よしなのです。酸素のおかげで、私たちは脳をはたらかせ、体を動かすことができます。酸素を届けた赤血球は、今度は不要になった二酸化炭素を受け取り、肺から放出します。これが呼吸の仕組みです。

酸素や二酸化炭素をつけたり放したり、……こんな芸当をこれほどまで効率よくできるのは鉄だけです。

では、②植物と鉄とは、どのような関係にあるのでしょう。

皆さんは、植物が光合成をしているのは知っていますね。植物の緑色のもとである葉緑素が光合成を行っています。その葉緑素を作るのには、鉄が必要なのだそうです。

それから、植物が育つためには、肥料の中の窒素やリン酸などを

(1) ——線①「大切な栄養素」とありますが、鉄は人間が何をするのに必要な栄養素ですか。文章から二字で抜き出しなさい。

(2) ——線②「植物と鉄」とありますが、植物にとって鉄が必要なのはどのようなときですか。二つ書きなさい。

(3) ——線③「植物プランクトンが少ない」とありますが、なぜ海にはもともと植物プランクトンが少ないのですか。説明しなさい。

(4) ——線④「沈まない鉄」について、答えなさい。

❶「沈まない鉄」とは、何のことですか。文章から五字で抜き出しなさい。

❷「沈まない鉄」を、たとえを使って言い換えた表現を文章から五字で抜き出しなさい。

点UP

(5) 〰〰線「森と海とをつなぐ科学的なメカニズム」とは、どのようなことですか。「腐葉土」「岩石や土」という言葉を使って説明しなさい。

取り込《こ》まなければなりません。そのときにも、鉄の助けが不可欠です。

鉄は、岩石や土の中に含まれています。実は、地球の目方の三分の一は鉄なのだそうです。地球は鉄の惑星《わくせい》なのです。

ところが、水に溶けだした鉄は、酸素と出会うと粒子《りゅうし》(粒々《つぶつぶ》の塊《かたまり》)となって沈《しず》んでしまいます。ですから、海にはもともと鉄が少なく、そのために③植物プランクトンが少ないのです。

「けれど、④沈まない鉄があることがわかったのですよ!」

と、松永先生は言いました。

カキの餌《えさ》となる植物プランクトンも植物です。カキの養殖場《ようしょく》である河口では、周りの海に比べ、植物プランクトンがたくさん発生しています。ということは、そう! 川の水が、沈まない鉄を運んでいるということではないでしょうか。

「森林の腐葉土《ふようど》では、『フルボ酸』という物質が生まれます。フルボ酸が鉄に結びつくと、重い粒子にはならずに『フルボ酸鉄』となって、川の水に流されてきて、海中に浮遊《ふゆう》するのです。」

〝森には魔法《まほう》つかいがいる〟――魔法つかいの正体は、「フルボ酸鉄」だったのです。

畠山 重篤「森には魔法つかいがいる」より

2 ――線のカタカナを漢字で書きなさい。

❶ 入りエで遊ぶ。
❷ ドロで汚《よご》れる。
❸ 機械がコワれる。
❹ 米のツブを拾う。

❶	(1)	10点
	(2)	各10点
	(3)	15点
	(4) ❶	5点
	(4) ❷	10点
	(5)	20点
❷	❶ ❷ ❸ ❹	各5点

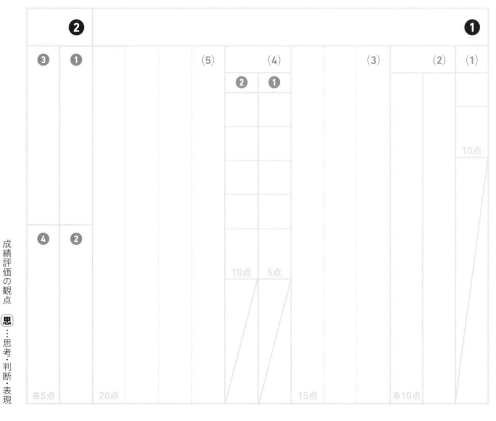

Step 2

文法の小窓2　文の成分
（森には魔法つかいがいる〜漢字の練習2）

20分

／100
目標 75点

1 ――部の漢字の読み仮名を書きなさい。

1 魔法のつえ。
2 泥をかき出す。
3 大粒の雨が降る。
4 森の破壊を防ぐ。
5 時間を費やす。
6 宇宙の星々。
7 謎が深まる。
8 庶民の生活。
9 野生の虎。
10 交響楽を楽しむ。
11 いねの穂。
12 大声で叫ぶ。
13 五月晴れの日。
14 部屋を立ち退く。
15 大和言葉の研究。

1

1	2	3	4
5	6	7	8
9	10	11	12
13	14	15	

各2点

2 カタカナを漢字に直しなさい。

1 入りエの生物。
2 センパイと話す。
3 ホンダナの整理。
4 ペンをナラべる。
5 コンナンに勝つ。
6 危険がトモナう。
7 マンガを読む。
8 動物をホゴする。
9 トビラを押す。
10 ドアのカイヘイ。
11 フツウ預金。
12 仕事のホウシュウ。
13 人とアクシュする。
14 事件にアワてる。
15 本のチュウシャク。

2

1	2	3	4
5	6	7	8
9	10	11	12
13	14	15	

各2点

3 文の成分に関する次の問いに答えなさい。

(1) 次の文の――線の文の成分をあとから一つずつ選び、記号で答えなさい。

「①おはよう、ひろしくん。今日は、②国語の　③テストだね。」

「④勉強したので、⑤自信が　あるよ。」

ア　主語　イ　述語　ウ　修飾《しゅうしょく》語
エ　接続語　オ　独立語

(2) 次の文の――線部と～～線部の関係を、あとから一つずつ選び、記号で答えなさい。

①　静かな　夜だな。　②　氷が　とける。
③　鳥が　鳴いて　いる。　④　バスか　電車で　行く。
⑤　走ったけれど、　遅刻した。

ア　主・述の関係　イ　修飾・被《ひ》修飾の関係
ウ　接続の関係　エ　並立《へいりつ》の関係　オ　補助の関係

3						
(1)	①	②	③	④	⑤	各3点
(2)	①	②	③	④	⑤	各5点

テストに出る

● 文の成分…文を組み立てる部分。
・主語…「何（誰《だれ》）が」にあたる語。
・述語…「どうする」「どんなだ」「何だ」「ある・いる」にあたる語。
例　弟が（主語）　寝る。（述語）　主・述の関係
・修飾語…「どんな」「何を」「どのように」にあたる語。
連体修飾語…体言（事物や人などを表す言葉）を修飾する語。

連用修飾語…用言（動作・作用・存在・性質・状態などを表す言葉）を修飾する語。

例　きれいな（連体修飾語）　花。（体言）　例　きれいに（連用修飾語）　さく。（用言）　修飾・被修飾の関係
・接続語…理由や条件などを表して、あとにつながる語。
例　おいしいから、（接続語）　食べてほしい。　接続の関係
・独立語…他の部分から独立している語。
例　ああ、（独立語）うれしい。　例　田中さん、（独立語）　待って。
● その他の関係
・弟と　妹が　家の　庭を　走って　いる。
並立の関係　補助の関係

Step 1

昔話と古典――箱に入った桃太郎《ももたろう》――

15分

❶ 文章を読んで、問いに答えなさい。

▼教111ページ3行～113ページ5行

これらの①昔話は、時代や地域によって少しずつ異なって記録されています。各地に伝わる昔話を記録した『桃太郎の誕生』では、桃太郎の誕生の仕方一つをとっても違います。山形県では次のような話が伝わっています。

お婆《ばあ》さんが川で洗濯《せんたく》をしていると、小さな木の香箱《こうばこ》が二つ流れてきました。お婆さんは、

「かーらだこん箱はあっちゃ行《え》け、みーだこん箱はこっちゃ来《こ》え。」

と歌いました。寄ってきた箱には桃が一つ入っていました。その桃が二つに割れて、中から男の子が生まれました。

桃太郎の話はほかにも、さまざまな展開のものがあります。私たちがよく知っている話は、実は明治時代以降に、国語の教科書や子ども向けの本によって広まりました。

同じようなことは、②浦島太郎《うらしまたろう》についてもいえます。江戸時代の中頃《ごろ》に出版された子ども向けの本では、子どもたちにいじめられている亀を浦島太郎が助けるというものではありません。

昔、丹後《たんご》の国に浦島太郎という若者がおり、朝から晩まで魚を捕《と》っ

(1) ――線①「昔話は、時代や地域によって少しずつ異なって記録されています」について、答えなさい。

❶ 山形県で伝わっている「桃太郎」は、現在一般《いっぱん》的な話とどのようなところが異なりますか。あてはまるものを次から一つ選び、記号で答えなさい。

ア 川を桃が流れてくるのではなく、桃の入った香箱が流れてくるところ。

イ 川を桃が流れてくるのではなく、男の子が流れてくるところ。

ウ 川をそのまま桃が流れてくるのではなく、割れた状態で流れてくるところ。

❷ 現在一般的な「桃太郎」は、いつ頃広まったものですか。文章から抜き出しなさい。

❸ 江戸時代の「浦島太郎」は、現在一般的な話とどのようなところが異なりますか。□にあてはまる言葉を文章から、aは十四字で探し、初めの五字を抜き出しなさい。bは二字で抜き出しなさい。

て両親を養っていました。

ある日、釣《つ》りをし、貝を拾い、海藻《かいそう》を採っていたところ、江島《えじま》が磯《いそ》で、亀を一匹《ぴき》釣り上げました。浦島太郎は、

「鶴《つる》は千年亀は万年というように、おまえは長生きをする生き物だ。ここで命を絶つのはかわいそうなので、助けてやる。いつもこの恩を思い出すのだぞ。」

と言って亀を海に返してやりました。


さてこの後、亀は浦島太郎にどんな恩返しをするのでしょうか。

遠い昔から伝えられてきた話には、いつの時代にも変わることなく好まれた要素が含《ふく》まれています。その一方で、語られたり書き記されたりした時代や地域の、社会や生活も反映されています。それらを知ることで、③私たち自身のものの考え方の特色に気づかされます。昔話に親しみ、想像力をはたらかせて理解することは、私たちの感受性や表現力を豊かにしてくれるでしょう。また、そのように親しまれることによって、昔話は次の時代へと受け継《つ》がれていくのです。


「昔話と古典――箱に入った桃太郎――」より

・現代は、[a]亀を助ける話だが、江戸時代は、[b]で手に入れた亀を助ける話。

a □□□□□　b □□

(2) ――線②「浦島太郎」について、江戸時代の「浦島太郎」で、亀を手に入れたのは、どこですか。文章から四字で抜き出しなさい。

□□□□

(3) ――線③「私たち自身のものの考え方の特色」とありますが、「浦島太郎」の話からわかる、私たちのものの考え方の特色は何ですか。あてはまるものを次から一つ選び、記号で答えなさい。

ア　亀などの動物を大切にすることはよいことだとする考え方。
イ　子どもが動物をいじめることがあたりまえだとする考え方。
ウ　朝から晩まで釣りをして遊ぶことを悪いこととする考え方。

ヒント

(1) ❶山形県に伝わる「桃太郎」の話は、桃がどのような状態で流れてくるかを読み取る。
(1) ❷現在の「桃太郎」は、国語の教科書や子ども向けの本で広まったと述べられている。

Step 2

20分

／100
目標 75点

昔話と古典――箱に入った桃《もも》太《た》郎《ろう》――

❶ 文章を読んで、問いに答えなさい。思

▼教111ページ3行～113ページ5行

これらの昔話は、時代や地域によって少しずつ異なって記録されています。各地に伝わる昔話を記録した『桃太郎の誕生』では、桃太郎の誕生の仕方一つをとっても違います。①山形県では次のような話が伝わっています。

お婆《ばあ》さんが川で洗濯《せんたく》をしていると、小さな木の香箱《こうばこ》が二つ流れてきました。お婆さんは、

「かーらだこん箱はあっちゃ行《え》け、みーだこん箱はこっちゃ来《こ》え。」

と歌いました。寄ってきた箱には桃が一つ入っていました。その桃が二つに割れて、中から男の子が生まれました。

桃太郎の話はほかにも、さまざまな展開のものがあります。私たちがよく知っている話は、実は明治時代以降に、国語の教科書や子ども向けの本によって広まりました。

②同じようなことは、③浦島太郎《うらしまたろう》についてもいえます。江戸時代の中頃《ごろ》に出版された子ども向けの本では、子どもたちにいじめられている亀を浦島太郎が助けるというものではありません。

昔、丹後《たんご》の国に浦島太郎という若者がおり、朝から晩まで魚を捕《と》っ

(1) ――線①「山形県」に伝わる「桃太郎」の話では、桃太郎はどのように誕生しますか。説明しなさい。

(2) ――線②「同じようなこと」とありますが、「桃太郎」と「浦島太郎」の例は、どのようなことが同じですか。説明しなさい。

(3) ――線③「浦島太郎」とありますが、現在知られている「浦島太郎」では、浦島太郎は亀とどのように出会いますか。説明しなさい。

(4) 江戸時代の中頃に出版された「浦島太郎」の話の内容として、あてはまらないものを次から一つ選び、記号で答えなさい。

ア 浦島太郎は魚を捕って両親を養っている。
イ 短命な亀を殺すのはかわいそうだから、亀を助けた。
ウ 助けたことを忘れないように言って、亀を海に帰した。

点UP

(5) ――線④「それら」とは、どのようなことを指していますか。説明しなさい。

て両親を養っていました。

　ある日、釣《つ》りをし、貝を拾い、海藻《かいそう》を採っていたところ、江島《えじま》が磯《いそ》で、亀を一匹《ぴき》釣り上げました。浦島太郎は、

「鶴《つる》は千年亀は万年というように、おまえは長生きをする生き物だ。ここで命を絶つのはかわいそうなので、助けてやる。いつもこの恩を思い出すのだぞ。」

と言って亀を海に返してやりました。


　さてこの後、亀は浦島太郎にどんな恩返しをするのでしょうか。

　遠い昔から伝えられてきた話には、いつの時代にも変わることなく好まれた要素が含《ふく》まれています。その一方で、語られたり書き記されたりした時代や地域の、社会や生活も反映されています。④それらを知ることで、私たち自身のものの考え方の特色に気づかされます。昔話に親しみ、想像力をはたらかせて理解することは、私たちの感受性や表現力を豊かにしてくれるでしょう。また、そのように親しまれることによって、昔話は次の時代へと受け継《つ》がれていくのです。


「昔話と古典——箱に入った桃太郎——」より

❷ ——線のカタカナを漢字で書きなさい。

❶ 十時にネる。　❷ 竹をワる。
❸ ナラ県に出かける。　❹ 本を箱にオサめる。

❶					❷			
(1) 15点	(2) 15点	(3) 15点	(4) 10点	(5) 25点	❶	❷	❸	❹
					各5点			

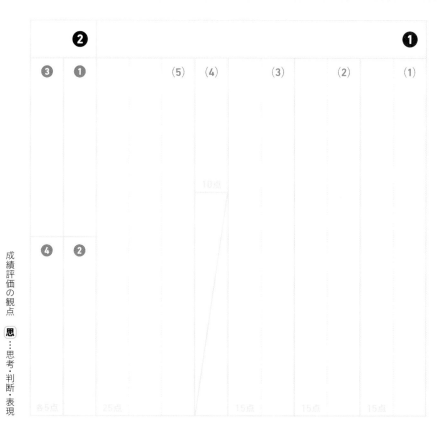

Step 1 物語の始まり——竹取《たけとり》物語——

15分

1 文章を読んで、問いに答えなさい。

▼教114ページ4行～119ページ6行

今は昔、①竹取の翁《おきな》といふ《(ウ)》者ありけり。野山に②まじりて竹を取りつつ、よろづ《(ズ)》のことに使ひ《(イ)》けり。名をば、さぬきの造《みやつこ》となむ《(ン)》いひ《(イ)》ける。その竹の中に、もと光る竹なむ《(ン)》一筋ありける。あやしがりて、寄りて見るに、筒《つつ》の中光りたり。それを見れば、三寸ばかりなる人、③いとうつくしう《(シュウ)》てゐ《(イ)》たり。

現代語訳

今ではもう昔のことであるが、竹取の翁という者がいた。野や山に分け入っていつも竹を取っては、いろいろなことに使っていた。(翁の)名は、さぬきの造といった。(ある日、)その竹の中に、根もとが光る竹が一本あった。不思議に思って近寄って見ると、筒の中が光っている。それを見ると、三寸ぐらいの人が、とてもかわいらしい姿で座《すわ》っている。

＊

④このちご、養ふ《(ウ)》ほどに、すくすくと大きになりまさる。三月《みつき》ばかりになるほどに、よきほどなる人になりぬれば、髪《かみ》上げなどとかくして髪上げさせ、裳《も》着《き》す。

(1) ——線①「竹取の翁」の名前は何ですか。文章から五字で抜き出しなさい。

(2) ——線②「まじりて」の意味を、現代語訳から抜き出しなさい。

(3) ——線③「うつくしうてゐたり」の意味を、現代語訳から抜き出しなさい。

(4) ——線④「このちご」が不思議であることを表す部分を古文から三十字以内で探し、初めの五字を抜き出しなさい。

(5) ——線⑤「あひ戦はむ」を現代仮名遣《づか》いに直し、全て平仮名で書きなさい。

現代語訳

この幼い子は、育てるうちに、ぐんぐんと成長していく。三か月くらい過ぎた頃《ころ》には、一人前の大きさの人になったので、髪上げの祝いなどをあれこれして髪を上げさせ、裳を着せる。

＊

大空より、人、雲に乗りて下り来て、土より五尺ばかり上がりたるほどに立ち連ねたり。これを見て、内外《うちと》なる人の心ども、ものにおそは《（ワ）》るるやう《（ヨウ）》にて、⑤あひ戦はむ心もなかりけり。

現代語訳

大空から、人が、雲に乗って下りてきて、地面から五尺ほど上の辺りに立ち並んだ。これを見て、（家の）内や外にいる人たちの心は、何かに襲《おそ》われたようになって、対戦しようという気持ちもなくなった。

＊

ふと天《あま》の羽衣《はごろも》うち着せたてまつりつれば、翁を、「⑥いとほ《（オ）》し、かなし。」と思《おぼ》しつることも失《う》せぬ。この衣《きぬ》着つる人は、もの思ひ《（イ）》なくなりにければ、車に乗りて、百人ばかり天人《てんにん》具して、昇《のぼ》りぬ。

現代語訳

天人がかぐや姫《ひめ》にさっと天の羽衣を着せてさしあげると、翁を、「気の毒だ、いたわしい。」とお思いになっていたこともなくなった。この天の羽衣を着た人は、もの思いが消えてしまうので、そのまま（飛ぶ）車に乗って、百人ほどの天人を引き連れて、（天に）昇っていった。

「物語の始まり――竹取物語――」より

(6) ――線⑥『いとほし、かなし。』と思しつることも失せぬ」について、答えなさい。

❶ ――線⑥の主語を文章から七字で抜き出しなさい。

❷ ❶とは、誰《だれ》のことですか。次から一つ選び、記号で答えなさい。

ア 竹取の翁　イ かぐや姫

ウ 天人　エ 内外なる人

(7) 文章の内容としてあてはまるものを次から一つ選び、記号で答えなさい。

ア 竹取の翁が竹から見つけたのは、すでに成人した女性だった。

イ 空から雲に乗って表れた天人は、五尺もある長い服を着ていた。

ウ かぐや姫は天の羽衣を着て、百人ほどの天人を連れて、天に昇っていった。

ヒント

(1) 文章の初めに「竹取の翁」が紹介《しょうかい》されている。「名をば」に着目する。

(2) 前後の言葉を参考に、現代語訳と見比べる。

Step 2

物語の始まり――竹取《たけとり》物語――

20分

／100

目標 75点

❶ 文章を読んで、問いに答えなさい。 思

▼教 114ページ4行～119ページ6行

今は昔、竹取の翁《おきな》といふ《(ウ)》者ありけり。野山にまじりて竹を取りつつ、よろづ《(ズ)》のことに使ひ《(イ)》けり。名をば、さぬきの造《みやつこ》となむ《(ン)》いひ《(イ)》ける。その竹の中に、もと光る竹なむ《(ン)》一筋ありける。あやしがりて、寄りて見るに、筒《つつ》の中光りたり。それを見れば、三寸ばかりなる人、いとうつくしう《(シュウ)》て①ゐ《(イ)》たり。

現代語訳

今ではもう昔のことであるが、竹取の翁という者がいた。野や山に分け入っていつも竹を取っては、いろいろなことに使っていた。（翁の）名は、さぬきの造といった。（ある日、）その竹の中に、根もとが光る竹が一本あった。不思議に思って近寄って見ると、筒の中が光っている。それを見ると、三寸ぐらいの人が、とてもかわいらしい姿で座《すわ》っている。

＊

②このちご、養ふ《(ウ)》ほどに、すくすくと大きになりまさる。三月《みつき》ばかりになるほどに、よきほどなる人になりぬれば、髪上《かみ》げなどとかくして髪上げさせ、裳着《もき》す。

(1) この作品が古い物語であることを示す語句を文章から三字で抜き出しなさい。

(2) ――線①「ゐたり」の主語を古文から抜き出しなさい。

(3) ――線②「このちご」について、答えなさい。

❶ 「このちご」は、どれくらいの期間で大人になりましたか。簡潔に答えなさい。

❷ 「ちご」が成人になった時に何をしましたか。説明しなさい。

(4) ――線③「内外なる人」について、大空から下りてきた人を見て、「内外なる人」はどうしましたか。次から一つ選び、記号で答えなさい。

ア 戦わずに喜んでもてなした。

イ すっかり戦う気をなくした。

ウ 力を合わせて戦おうとした。

点UP

(5) ――線④「『いとほし、かなし。』と思しつることも失せぬ」のようになったのはなぜですか。説明しなさい。

現代語訳

この幼い子は、育てるうちに、ぐんぐんと成長していく。三か月くらい過ぎた頃《ころ》には、一人前の大きさの人になったので、髪上げの祝いなどをあれこれして髪を上げさせ、裳を着せる。

＊

大空より、人、雲に乗りて下り来て、土より五尺ばかり上がりたるほどに立ち連ねたり。これを見て、③内外《うちと》なる人の心ども、ものにおそは《（ワ）》るやう《（ヨウ）》にて、あひ《（イ）》戦は《（ワ）》む《（ン）》心もなかりけり。

現代語訳

大空から、人が、雲に乗って下りてきて、地面から五尺ほど上の辺りに立ち並んだ。これを見て、（家の）内や外にいる人たちの心は、何かに襲《おそ》われたようになって、対戦しようという気持ちもなくなった。

＊

ふと天《あま》の羽衣《はごろも》うち着せたてまつりつれば、翁を、「④いとほ《（オ）》し、かなし。」と思《おぼ》しつることも失《う》せぬ。この衣《きぬ》着つる人は、もの思ひ《（イ）》なくなりにければ、車に乗りて、百人ばかり天人《てんにん》具して、昇《のぼ》りぬ。

現代語訳

天人がかぐや姫《ひめ》にさっと天の羽衣を着せてさしあげると、翁を、「気の毒だ、いたわしい。」とお思いになっていたこともなくなった。この天の羽衣を着た人は、もの思いが消えてしまうので、そのまま（飛ぶ）車に乗って、百人ほどの天人を引き連れて、（天に）昇っていった。

「物語の始まり――竹取物語――」より

❷ ――線のカタカナを漢字で書きなさい。

❶ 恋人《こいびと》とケッコンする。

❷ ダレにもできない。

❸ 客をムカえる。

❹ ダイタンな作戦。

❶

(1) 5点

(2) 15点

(3) ❶ 15点 ❷ 15点

(4) 10点

(5) 20点

❷

❶ ❷ ❸ ❹ 各5点

Step 1

故事成語――中国の名言――

15分

❶ 文章を読んで、問いに答えなさい。

▼㊬122ページ5行～123ページ6行／124ページ

矛盾《むじゅん》

楚人《そひと》に、盾《たて》と　矛《ほこ》とを　ひさぐ　者　あり。

①これを　ほめて　いはく、「わが　盾の　堅《かた》き　こと、よく　とほす　もの　なし。」と。

また、その　矛を　ほめて　いはく、「わが　矛の　利《と》き　こと、物に　おいて　とほさざる　なし。」と。

ある　人　いはく、「②子の　矛を　もつて、子の　盾を　とほさば　いかん。」と。

その　人　応ふる　こと　③あたはざるなり。

現代語訳

楚の国の人で、盾と矛とを売る者があった。

これをほめて、「私の盾の堅いことといったら、貫《つらぬ》いて穴をあけられるものはない。」と言った。

また、その矛をほめて、「私の矛の鋭《するど》いことといったら、どんなものでも貫いて穴をあけられないものはない。」と言った。

ある人が、「あなたの矛で、あなたの盾を貫こうとしたならばどうなるだろう。」と尋《たず》ねた。

その人は答えることができなかった。

(1) ――線①「これ」の指すものはなんですか。

(2) ――線②「子の 矛を もつて、子の 盾を とほさば いかん」とはどういうことですか。次から一つ選び、記号で答えなさい。

ア 何にも貫けない盾を何でも貫ける矛で貫こうとしたらどうなるのか、ということ。

イ 子どもの盾を子どもの矛で貫こうとしたらどうなるのか、ということ。

ウ 子どもの矛と盾であっても、軽々しく扱《あつか》ってはいけない、ということ。

(3) ――線③「あたはざるなり」の意味を、現代語訳から抜き出しなさい。

(4) この故事成語は、どのようなことを表していますか。□にあてはまる言葉を四字で考えて答えなさい。

・□が合わないこと。

助長

宋人《そうひと》に　その　苗《なへ（エ）》の　長《ちやう（チョウ）》ぜざるを　④うれへ（エ）、これを　ぬく　者あり。
芒芒然《ばうばうぜん（ぼうぼうぜん）》として　帰《かへ（エ）》り、その　人に　いひ（イ）て　いはく（ワ）、「今日《こんにち》　病《つか》れたり。予《われ》　苗を　助けて　長ぜしむ。」と。
その　子　はしりて　⑤往《ゆ》きて　これを　視《み》れば、苗　則《すなは（ワ）》ち　⑥かれたり。

現代語訳

宋の国の人で自分の畑の苗が伸《の》びないことを心配して、苗を引っぱり上げる者がいた。

すっかり疲《つか》れはてて家に帰って、家族に、「今日は疲れたよ。わしは苗を助けて伸ばしてやったのだ。」と言った。

その息子《むすこ》が走って畑に行って見てみると、苗はもう枯《か》れていた。

「故事成語――中国の名言――」より

(5)　――線④「うれへ」とありますが、この人物は、何を心配していたのですか。次から一つ選び、記号で答えなさい。

ア　苗が高くて買えないこと。
イ　苗がなかなか伸びないこと。
ウ　苗を何者かに抜かれてしまったこと。

(6)　――線⑤「往きて」とありますが、どこに行ったのですか。

(7)　――線⑥「かれたり」とありますが、なぜ枯れたのですか。あてはまるものを次から一つ選び、記号で答えなさい。

ア　すっかり疲れてしまったから。
イ　息子が苗の周りを走り回ったから。
ウ　苗を無理に引っ張ったから。

ヒント

(1)　「これ」をほめて、何と言っているかに着目する。
(2)　現代語訳を参考にして考える。

Step 1

蜘《く》蛛《も》の糸

15分

❶ 文章を読んで、問いに答えなさい。

▼教131ページ上4行～132ページ下5行

　しかし①地獄《じごく》と極楽《ごくらく》との間は、何万里となくございますから、いくら焦《あせ》ってみたところで、容易に上へは出られません。ややしばらく上るうちに、とうとう犍陀多《かんだた》もくたびれて、もう一たぐりも上の方へは上れなくなってしまいました。そこで仕方がございませんから、まず一休み休むつもりで、糸の中途《ちゅうと》にぶら下がりながら、はるかに目の下を見下ろしました。

　すると、一生懸命《けんめい》に上ったかいがあって、さっきまで自分がいた血の池は、今ではもう闇《やみ》の底にいつの間にか隠《かく》れております。それからあのぼんやり光っている恐ろしい針の山も、足の下になってしまいました。このぶんで上っていけば、地獄から抜け出すのも、存外わけがないかもしれません。犍陀多は両手を蜘蛛《くも》の糸に絡《から》みながら、ここへ来てから何年にも出したことのない声で、②「しめた。しめた。」と笑いました。ところがふと気がつきますと、蜘蛛の糸の下の方には、数かぎりもない罪人たちが、自分の上った後をつけて、まるで蟻《あり》の行列のように、やはり上へ上へ一心によじ上ってくるではございませんか。犍陀多はこれを見ると、驚《おどろ》いたのと③恐ろしいのとで、しばらくはただ、大きな口を開いたまま、目ばかり動かしておりました。自分一人でさえ切れそうな、この細い蜘蛛の糸が、どうしてあれだけの人数の重みに堪《た》えることができましょう。もし万

(1) ――線①「地獄」にあるものとして描《えが》かれているものを、文章から三字で二つ抜き出しなさい。

□□□・□□□

(2) ――線②『しめた。しめた。』と笑いました」とありますが、犍陀多はなぜ笑ったのですか。（　）にあてはまる言葉を文章中の言葉を使って書きなさい。

・このまま上っていけば、（　　）と思ったから。

(3) ――線③「恐ろしい」とありますが、なぜ恐ろしいと感じたのですか。次から一つ選び、記号で答えなさい。

ア　この世には途方もない数の罪人がいることに気づいたから。
イ　たくさんの人数の重みで、細い糸が切れると思ったから。
ウ　自分より早く上った罪人が自分をけおとすと思ったから。
エ　他人のものを勝手に使う姿に、人の欲深さを感じたから。
（　）

(4) ――線④「一列になりながら、せっせと上ってまいります」とありますが、この様子は何にたとえられていますか。文章から

一途中で切れたといたしましたら、せっかくここへまで上ってきたこの肝腎《かんじん》な自分までも、もとの地獄へ逆落としに落ちてしまわなければなりません。そんなことがあったら、大変でございます。が、そういううちにも、罪人たちは何百となく何千となく、真っ暗な血の池の底から、うようよとはい上がって、細く光っている蜘蛛の糸を、④一列になりながら、せっせと上ってまいります。今のうちにどうかしなければ、糸はまん中から二つに切れて、落ちてしまうのにちがいありません。

そこで犍陀多は大きな声を出して、「こら、罪人ども。この蜘蛛の糸は俺《おれ》のものだぞ。おまえたちはいったい誰に聞いて、上ってきた。下りろ。下りろ。」とわめきました。

そのとたんでございます。今までなんともなかった蜘蛛の糸が、急に犍陀多のぶら下がっている所から、⑤ぷつりと音を立てて切れました。ですから犍陀多もたまりません。あっというまもなく風を切って、こまのようにくるくる回りながら、みるみるうちに闇の底へ、真っ逆さまに落ちてしまいました。

芥川 龍之介「蜘蛛の糸」〈芥川龍之介全集　第二巻〉より

四字で抜き出しなさい。

(5) ――線⑤「ぷつりと音を立てて切れました」とありますが、どうして糸は切れたのだと思われますか。次から一つ選び、記号で答えなさい。

ア 犍陀多が自分だけ助かろうとしたことに罰《ばつ》が下ったから。
イ 犍陀多が下を向いてわめいたときに激しく揺《ゆ》れたから。
ウ 犍陀多がわめいたことで、夢の世界から現実に戻《もど》ったから。
エ たくさんの人数の重みに細い糸が堪えられなかったから。

(6) この文章の表現、描写《びょうしゃ》の説明としてあてはまらないものを次から一つ選び、記号で答えなさい。

ア 物語を読み手に語るように、丁寧《ていねい》な会話体で書かれている。
イ 日常にある人間の心理・姿を、非現実的な世界で描いている。
ウ 物事の様子を効果的に伝える擬声《ぎせい》語や擬態語が使われている。
エ 主人公犍陀多の様子を見ているお釈迦《しゃか》様が語り手である。

ヒント

(2) 「このぶんで上っていけば」に着目する。
(4) 「～のように」という表現に着目する。

Step 1 河童《かっぱ》と蛙《かえる》

15分

1 文章を読んで、問いに答えなさい。

▼㊙142ページ1行〜144ページ16行

河童と蛙

草野《くさの》 心平《しんぺい》

るんるん　るるんぶ
るるんぶ　るるん
つんつん　つるんぶ
つるんぶ　つるん

河童の皿を月すべり。
じゃぶじゃぶ水をじゃぶじゃぶつかせ。
かおだけ出して。
踊《おど》ってる。

るんるん　るるんぶ
るるんぶ　るるん
つんつん　つるんぶ
つるんぶ　つるん

大河童沼《ぬま》のぐるりの山は。
ぐるりの山は息をのみ。
あしだの手だのふりまわし。

(1) 河童が動くのをやめたことを描《えが》いているのは、第何連ですか。漢数字で答えなさい。

第□連

(2) 繰《く》り返される「るんるん　るるんぶ……」は、河童の何を表していますか。詩の中から一字で抜き出しなさい。

□

(3) 6行め「河童の皿を月すべり。」は、どのような情景を表していますか。簡潔に書きなさい。

(4) 17行め「ぐるりの山は息をのみ。」とありますが、なぜ息をのんでいるのですか。次から一つ選び、記号で答えなさい。

ア 河童があまりに激しく踊っているから。
イ 河童の唄声があまりにうるさいから。
ウ 水面に映る月までも踊るように揺《ゆ》れているから。

月もじゃぼじゃぼ沸《わ》いている。
るんるん　るるんぶ
るるんぶ　るるん
つんつん　つるんぶ
つるんぶ　つるん

立った。立った。水の上。
河童がいきなりぶるるっとたち。
天のあたりをねめまわし。
それから。そのまま。

るんるん　るるんぶ
るるんぶ　るるん
つんつん　つるんぶ
つるんぶ　つるん

もうその唄《うた》もきこえない。
沼の底から泡《あわ》がいくつかあがってきた。
兎《うさぎ》と杵《きね》の休火山などもはっきり映し。
月だけひとり。
動かない。

ぐぶうと一《ひ》と声。
蛙がないた。

(5) 29行め「そのまま。」とありますが、河童はそのままどうしたのですか。簡潔に書きなさい。

(6) 38行め「はっきり映し」、40行め「動かない。」の表現は、どのようなことを表していますか。簡潔に書きなさい。

(7) 39行め「月だけひとり。」に用いられている表現技法の説明として適切なものを次から一つ選び、記号で答えなさい。
ア　文を通常とは違う順序にしている。
イ　オノマトペによってリズムを生んでいる。
ウ　人以外のものを人に見立てている。

ヒント

(1) 河童は第二連では「踊ってる」とある。その踊りが終わるのは第何連か考える。

(4) 「息をのむ」とは、驚いて息をとめる、という意味。ここでは山を人にたとえて表現している。

オノマトペが何を表現しているのか考えよう

Step 1

オツベルと象

1 文章を読んで、問いに答えなさい。

▼教150ページ6行～152ページ7行

①そいつが小屋の入り口に、ゆっくり顔を出した時、百姓《ひゃくしょう》どもはぎょっとした。なぜぎょっとした？ よくきくねえ、何をしだすか知れないじゃないか。かかり合っては大変だから、どいつも皆《みな》、一生懸命、自分の稲《いね》をこいていた。

ところがその時オツベルは、並んだ機械の後ろの方で、ポケットに手を入れながら、ちらっと鋭く象を見た。それからすばやく下を向き、なんでもないというふうで、今までどおり行ったり来たりしていたもんだ。

すると今度は白象が、片足床《ゆか》に上げたのだ。百姓どもはぎょっとした。それでも仕事が忙《いそが》しいし、かかり合ってはひどいから、そっちを見ずに、やっぱり稲をこいていた。

オツベルは奥《おく》の薄《うす》暗い所で両手をポケットから出して、も一度ちらっと象を見た。それから②いかにも退屈《たいくつ》そうに、わざと大きなあくびをして、両手を頭の後ろに組んで、行ったり来たりやっていた。

ところが象が威勢《いせい》よく、前足二つ突き出して、小屋に上がってこようとする。百姓どもはⓐぎくっとし、オツベルも少しぎょっとして、大きな琥珀《こはく》のパイプから、ⓑふっと煙《けむり》を吐《は》き出した。それでもやっぱり知らないふうで、ゆっくりそこらを歩いていた。

そしたらとうとう、象がⓒのこのこ上がってきた。そして機械の前

(1) ——線①「そいつが……顔を出した」とありますが、A「そいつ」とは誰のことですか。B「そいつ」を見た時の百姓どもの様子を表した言葉を文章から六字で抜き出しなさい。

A（　　） B □□□□□□

(2) ——線②「いかにも退屈そうに、……行ったり来たりやっていた」とありますが、この時のオツベルの気持ちの説明として適切なものを次から一つ選び、記号で答えなさい。

ア 象などは珍《めずら》しい動物ではないので退屈だ。
イ たくさん働いたので疲《つか》れて眠くなった。
ウ 百姓どもが象に気をとられているのでいらいらする。
エ 象を利用する策略をさとられないようにしよう。

（　　）

(3) 〰線ⓐ～ⓓの中で、擬態《ぎたい》語ではないものを一つ選び、記号で答えなさい。

（　　）

(4) ——線③「もみは、パチパチパチパチ歯に当たり」とありますが、A「もみ」は、象に何と表現されていますか。漢字一字で抜き出しなさい。B「もみ」が当たる様子をたとえた表現を文章から十字で抜き出しなさい。

15分

のとこを、ⓓのんきに歩き始めたのだ。

ところがなにせ、機械はひどく回っていて、もみは夕立かあられのように、パチパチ象に当たるのだ。象はいかにもうるさいらしく、小さなその目を細めていたが、またよく見ると、確かに少し笑っていた。

オツベルはやっと覚悟を決めて、稲こき機械の前に出て、象に話をしようとしたが、その時象が、とてもきれいな、うぐいすみたいないい声で、こんな文句を言ったのだ。

「ああ、だめだ。あんまりせわしく、砂が私の歯に当たる。」

③全くもみは、パチパチパチパチ歯に当たり、また真っ白な頭や首にぶっつかる。

さあ、オツベルは命がけだ。パイプを右手に持ち直し、度胸をすえてこう言った。

「どうだい、ここはおもしろいかい。」

「おもしろいねえ。」象が体を斜《なな》めにして、目を細くして返事した。

「ずうっとこっちにいたらどうだい。」

百姓どもははっとして、息を殺して象を見た。④オツベルは言ってしまってから、にわかにがたがた震《ふる》えだす。ところが象はけろりとして、

「いてもいいよ。」と答えたもんだ。

「そうか。それではそうしよう。そういうことにしようじゃないか。」

オツベルが顔をくしゃくしゃにして、真っ赤になって喜びながらそう言った。

宮沢 賢治「オツベルと象」〈新校本　宮澤賢治全集　第十二巻〉より

A

B

(5) ——線④「オツベルは言ってしまってから、にわかにがたがた震えだす」とありますが、オツベルが震えだしたのはなぜですか。オツベルの気持ちがわかるように書きなさい。

(6) この文章の説明として適切なものを次から一つ選び、記号で答えなさい。

ア 象とかかわろうとしない臆病《おくびょう》な百姓どもと、象と交渉《こうしょう》をする勇《ゆう》敢《かん》なオツベルの姿が描《えが》かれている。

イ 無邪気《むじゃき》な象を恐れる百姓どもと、象を利用しようとするオツベルの対照的な様子が描かれている。

ウ 初めはお互いに警戒《けいかい》をしながらも、次第《しだい》に打ち解けていく象と人間の交流が描かれている。

エ 自分に驚き怖《こわ》がっている人間の姿を見て、楽しんでいる子どもっぽい象の様子が描かれている。

ヒント

(2) オツベルは第二段落で「そいつ」を見ている。

(3) 擬態語は、状態や様子を感覚的に表した言葉。

Step 2

オツベルと象

20分

/100

目標 75点

1 文章を読んで、問いに答えなさい。思

▼教 153ページ2行〜155ページ6行

「おい、おまえはA時計はいらないか。」丸太で建てたその象小屋の前に来て、オツベルは琥珀《こはく》のパイプをくわえ、①顔をしかめてこうきいた。

「僕は時計はいらないよ。」象が笑って返事した。

「まあ持ってみろ、いいもんだ。」こう言いながらオツベルは、ブリキでこさえた大きな時計を、象の首からぶら下げた。

「なかなかいいね。」象も言う。

「鎖《くさり》もなくちゃだめだろう。」オツベルときたら、百キロもある鎖をさ、その前足にくっつけた。

「うん、なかなか鎖はいいね。」②三足歩いて象が言う。

「B靴《くつ》を履《は》いたらどうだろう。」

「僕は靴など履かないよ。」

「まあ履いてみろ、いいもんだ。」オツベルは顔をしかめながら、赤い張り子の大きな靴を、象の後ろのかかとにはめた。

「なかなかいいね。」象も言う。

「靴に飾《かざ》りをつけなくちゃ。」オツベルはもう大急ぎで、四百キロある分銅を、靴の上から、はめ込《こ》んだ。

「うん、なかなかいいね。」象は③二足歩いてみて、さもうれしそうにそう言った。

(1) ――線①「顔をしかめて」とありますが、オツベルがそのようにしたのはなぜですか。次から一つ選び、記号で答えなさい。

ア 象に苦労ばかりかけているのを申し訳なく思っていたから。

イ これから象によくないことをしようとたくらんでいたから。

ウ 本当は象に時計をあげたくないと心の中で思っていたから。

(2) ――線②「三足歩いて」、――線③「二足歩いてみて」から、どのようなことがわかりますか。次から一つ選び、記号で答えなさい。

ア 歩けないほど体の具合が悪くなっていること。

イ 二足だけで十分にうれしくなったこと。

ウ 次第《しだい》に自由に動けなくなっていること。

(3) ――線④「やくざな紙」と同じ意味を表している言葉を文章から三字で抜き出しなさい。

(4) ――線⑤「鎖と分銅だけで」とありますが、その重さはどれだけですか。漢数字で答えなさい。

(5) ――線⑥「オツベルは少しぎょっとして」とありますが、なぜぎょっとしたのですか。説明しなさい。

点UP

(6) 〰〰線A「時計」、B「靴」とありますが、オツベルは何のために象に時計や靴を与えたのですか。説明しなさい。

次の日、ブリキの大きな時計と、④やくざな紙の靴とは破け、象は⑤鎖と分銅だけで、大喜びで歩いておった。

「すまないが税金も高いから、今日はすこうし、川から水をくんでくれ。」オツベルは両手を後ろで組んで、顔をしかめて象に言う。

「ああ、僕水をくんでこよう。もう何杯《ばい》でもくんでやるよ。」

象は目を細くして喜んで、その昼過ぎに五十だけ、川から水をくんできた。そして菜っ葉の畑にかけた。

夕方象は小屋にいて、十把《ぱ》のわらを食べながら、西の三日の月を見て、

「ああ、稼《かせ》ぐのは愉快《ゆかい》だねえ、さっぱりするねえ。」と言っていた。

「すまないが税金がまた上がる。今日はすこうし、森から薪《たきぎ》を運んでくれ。」オツベルは房《ふさ》のついた赤い帽子《ぼうし》をかぶり、両手をかくしに突っ込んで、次の日象にそう言った。

「ああ、僕薪を持ってこよう。いい天気だねえ。僕はぜんたい森へ行くのは大好きなんだ。」象は笑ってこう言った。
⑥オツベルは少しぎょっとして、パイプを手から危なく落としそうにしたが、もうその時は、象がいかにも愉快なふうで、ゆっくり歩きだしたので、また安心してパイプをくわえ、小さなせきを一つして、百姓《ひゃくしょう》どもの仕事のほうを見に行った。
その昼過ぎの半日に、象は九百把薪を運び、目を細くして喜んだ。

晩方象は小屋にいて、八把のわらを食べながら、西の四日の月を見て、

「ああ、せいせいした。サンタマリア。」と、こう独り言したそうだ。

宮沢 賢治「オツベルと象」〈新校本 宮澤賢治全集 第十二巻〉より

2 ――線のカタカナを漢字で書きなさい。

❶ 野菜をウスく切る。
❷ ゾウキンでたなをふく。
❸ イソガしく働く。
❹ 友達をハゲます。

1						2	
(1) 15点	(2) 15点	(3) 5点	(4) 10点	(5) 15点	(6) 20点	❶ ❷	❸ ❹ 各5点

成績評価の観点 思…思考・判断・表現

Step 2

言葉の小窓2 日本語の文字

（物語の始まり——竹取《たけとり》物語——～漢字の練習4）

20分

／100

目標 75点

❶ ——部の漢字の読み仮名を書きなさい。

1 矛盾する話。
2 鋭い刀。
3 苗を植える。
4 布で覆う。
5 気持ちが沈む。
6 仕上げが肝腎だ。
7 街並が変貌する。
8 広大な砂漠。
9 退屈な生活。
10 縄で荷物を縛る。
11 土地が痩せる。
12 死者への追悼。
13 繭から糸をつむぐ。
14 技を披露する。
15 足首を捻挫する。

❶

1	5	9	13
2	6	10	14
3	7	11	15
4	8	12	

各2点

❷ カタカナを漢字に直しなさい。

1 手紙をワタす。
2 働いてツカれる。
3 恩にムクいる。
4 水面に葉がウく。
5 バツを受ける。
6 ネコを飼う。
7 作家のショサイ。
8 アワが立つ。
9 ゾウキンでふく。
10 イソがしい日々。
11 ユカイな映画。
12 ジュンスイな子。
13 ツバサを広げる。
14 ハチミツをなめる。
15 ユウレイの話。

❷

1	5	9	13
2	6	10	14
3	7	11	15
4	8	12	

各2点

❸ 日本語の文字について、次の問いに答えなさい。

(1) 次から楷書《かいしょ》で書かれたものを二つ選び、記号で答えなさい。

ア 嵐　イ 煙　ウ 牙　エ 噴　オ 紫

(2) 次の片仮名を小文字のローマ字に直しなさい。

❶ ム　❷ ロ　❸ ガ　❹ キュ

(3) 次の漢字からできた平仮名を書きなさい。

❶ 安　❷ 末　❸ 川　❹ 毛

(4) 次の漢字からできた片仮名を書きなさい。

❶ 比　❷ 与　❸ 介　❹ 保

❸			
(1)	(2)	(3)	(4)
完答4点	❶ ❷ ❸ ❹ 各2点	❶ ❷ ❸ ❹ 各2点	❶ ❷ ❸ ❹ 各2点

❹ 文字の種類に関する次の問いに答えなさい。

(1) 表意文字を一つ選び、記号で答えなさい。

ア 漢字　イ 平仮名　ウ 片仮名　エ ローマ字

(2) 次の成り立ちからできた文字は何ですか。あとから一つずつ選び、記号で答えなさい。

❶ 漢字の一部分を切り取るようにして作った文字。
❷ 漢字の行書や草書をもとに生まれた文字。
❸ 漢字の読みを借りて、日本語の音《おん》を表した文字。

ア 万葉仮名　イ 平仮名　ウ 片仮名

❹	
(1)	(2)
3点	❶ ❷ ❸ 各3点

テストに出る

漢字は音と意味を表す表意文字。平仮名、片仮名は音だけを表す表音文字。平仮名も片仮名も漢字から作られた。

Step 1

子どもの権利

15分

❶ 文章を読んで、問いに答えなさい。

▼教 172ページ1行～174ページ7行

1 「子どもは黙って大人の言うことを聞きなさい。」こんなことを言われて理不尽《りふじん》な思いをしたことはありませんか。

2 子どもが生きて成長していくためには、大人から守られ助けられることが必要です。このため、子どもは心身ともに未熟だから、大人の言うとおりにするべきだというのが、長い間、世界中で支配的な考え方でした。

3 この子どもに対する見方を大きく変えたのが、国連で一九八九年に作られた「子どもの権利条約」です。子どもには大人とは異なる特別の保護が必要です。同時に、子どもは、一人の人間として、大人と同じように人権をもっています。子どもの権利条約は、子どもには、生きる権利や成長する権利、暴力から守られる権利、教育を受ける権利などがあること、そして、子どもの権利を守るのは、親の責任であるばかりでなく、国の責任であることを明確に定めました。現在、世界中の一九六か国が子どもの権利条約に入っています。

4 私たちが目にする日本のニュースの中にも、親に虐待《ぎゃくたい》されて命を失う子どもや、いじめに遭《あ》って学校に行けなくなったり、命を絶つまでに追い込まれたりする子どもについての報道が後を絶ちません。世界に目を向ければ、武力紛争《ふんそう》やテロで多くの子どもが命を奪《うば》

(1) ——線①「子どもは黙って大人の言うことを聞きなさい」とありますが、このようなことを言う「大人」は、どのような考えをもっていますか。□にあてはまる言葉を文章から二十九字で探し、初めの五字を抜き出しなさい。

・□という考え。

(2) ——線②「大人から守られ助けられること」とありますが、同じような意味で使われている言葉を文章から五字で抜き出しなさい。

(3) ——線③「子どもの権利条約」について、答えなさい。

❶ 「子どもの権利条約」で、子どもにある権利として挙げられているものを、文章から四つ抜き出しなさい。

❷ 子どもの権利を守るのは誰の責任と定められていますか。文章から二つ抜き出しなさい。

われています。子どもが、兵士として軍隊に参加させられたり、無理やり結婚させられたり、劣悪《れつあく》な環境《かんきょう》で働かされたりしています。

5 こうした現実に対して、子どもの権利条約が守られているかを監視《かんし》するために作られたのが、国連の⑤「子どもの権利委員会」です。委員を務めるのは、世界中から選ばれた十八人の子どもの権利の専門家です。私も委員の一人です。条約に入った国は、五年ごとに条約の実施状況《じっしじょうきょう》を委員会に報告しなければなりません。委員は、各国から提出された報告書に基づいて、ユニセフや市民、子どもたち自身などから提出された情報も参考にして、政府代表との直接の対話を通じて条約が守られているかどうかを審査《しんさ》し、問題があれば改善するよう勧告《かんこく》します。

大谷 美紀子「子どもの権利」より

(4) 第4段落で挙げられているのは、どのような例ですか。次から一つ選び、記号で答えなさい。

ア 子どもの権利が守られている例。
イ 親のせいで子どもが不幸になる例。
ウ 子どもの権利が侵害《しんがい》されている例。

(5) ——線④「後を絶ちません」とありますが、「後を絶たない」とはどういう意味ですか。次から一つ選び、記号で答えなさい。

ア 多くの人に注目されている。
イ 次々に起こってなくならない。
ウ 悪いうわさが広まる。

(6) ——線⑤「子どもの権利委員会」は、何のために作られましたか。文章から二十三字で探し、初めと終わりの五字を抜き出しなさい。

□□□□□ ～ □□□□□

ヒント

(1) 「大人の言うことを聞く」と同じような意味の言葉を探す。

(3) ❶「子どもの権利条約」の内容は、第3段落の「子どもの権利条約は、」以降に書かれている。

Step 2 子どもの権利

20分
／100
目標 75点

❶ 文章を読んで、問いに答えなさい。思

▼㊫172ページ3行～175ページ1行

子どもが生きて成長していくためには、大人から守られ助けられることが必要です。このため、子どもは心身ともに未熟だから、大人の言うとおりにするべきだというのが、長い間、世界中で支配的な考え方でした。

この子どもに対する見方を大きく変えたのが、国連で一九八九年に作られた「子どもの権利条約」です。子どもには大人とは異なる特別の保護が必要です。同時に、子どもは、一人の人間として、大人と同じように人権をもっています。子どもの権利条約は、子どもには、生きる権利や成長する権利、暴力から守られる権利、教育を受ける権利などがあること、そして、子どもの権利を守るのは、親の責任であるばかりでなく、国の責任であることを明確に定めました。現在、世界中の一九六か国が子どもの権利条約に入っています。

私たちが目にする日本のニュースの中にも、親に虐待《ぎゃくたい》されて命を失う子どもや、いじめに遭《あ》って学校に行けなくなったり、命を絶つまでに追い込まれたりする子どもについての報道が後を絶ちません。世界に目を向ければ、武力紛争《ふんそう》やテロで多くの子どもが命を奪《うば》われています。子どもが、兵士として軍隊に参加させられたり、無理やり結婚させられたり、劣悪《れつあく》な環境《かんきょう》で働かされたりしています。

①こうした現実に対して、子どもの権利条約が守られているかを監《かん》

(1) ――線①「こうした現実」とは、どのような現実ですか。二十字以内で説明しなさい。

(2) ――線②「問題」について、答えなさい。

❶ モンテネグロには、どのような問題がありましたか。文章から四十七字で探し、初めと終わりの五字を書きなさい。

❷ ❶の問題について、子どもの権利委員会はどのような観点から、改善を勧告しましたか。文章から二十八字で探し、初めと終わりの五字を抜き出しなさい。

(3) ――線③「脱施設化」とは、どのようなことですか。説明しなさい。

(4) 〜〜線「この子どもに対する見方」について、答えなさい。

❶ 「この子どもに対する見方」とは、どのような見方ですか。説明しなさい。

点UP

❷ ❶のような見方に対して、文章の内容をふまえると、どのように反論できますか。考えて書きなさい。

視《し》するために作られたのが、国連の「子どもの権利委員会」です。委員を務めるのは、世界中から選ばれた十八人の子どもの権利の専門家です。私も委員の一人です。条約に入った国は、五年ごとに条約の実施状況《じっしじょうきょう》を委員会に報告しなければなりません。委員は、各国から提出された報告書に基づいて、ユニセフや市民、子どもたち自身などから提出された情報も参考にして、政府代表との直接の対話を通じて条約が守られているかどうかを審査《しんさ》し、②問題があれば改善するよう勧告《かんこく》します。

　勧告を受け入れた国では、例えば次のようなことがありました。バルカン半島のユーゴスラビアでは一九九一年に紛争が起き、激しい戦闘《せんとう》を経て、六つの国に分裂しました。その中で二〇〇六年に独立国家になったモンテネグロには、親による養育を受けることができない子どもや障害のある子どもが大勢施設に入れられているという問題がありました。そこで、子どもの権利委員会は、全ての子どもは家庭的な養育環境で成長すべきであるとの観点から、二〇一〇年に改善を勧告しました。モンテネグロ政府は、ユニセフの支援《しえん》により、子どもが施設から出て、里親や養親による養育を受けられるよう、省庁間で協力して取り組みました。その結果、施設で暮らす子どもは半分近くまで減少しました。さらに、「③脱《だつ》施設化を達成するために一生懸命努力します。」と政府は改善を約束しています。

大谷 美紀子「子どもの権利」より

❷ ――線のカタカナを漢字で書きなさい。

❶ ギャクタイから守る。
❷ 機会をウバう。
❸ 糖分をフクむ食品。
❹ 意見がコトなる。

❶							❷	
(1)	(2) ①	(2) ②	(3)	(4) ①	(4) ②		①	②
	〜	〜						
							③	④
15点	5点	5点	15点	20点	20点		各5点	

成績評価の観点　思…思考・判断・表現

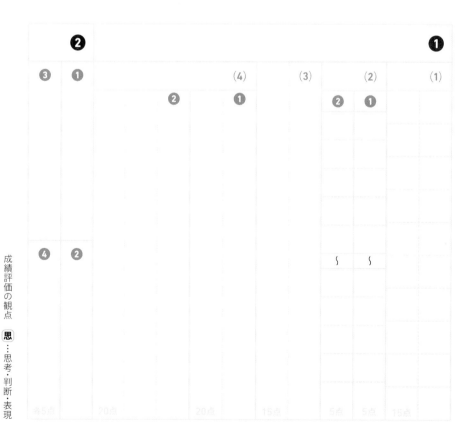

Step 2

漢字の広場３
（子どもの権利～漢字の練習５）

20分

/100
目標 75点

1 ――部の漢字の読み仮名を書きなさい。

1 王座を奪取する。
2 蛇口をひねる。
3 感銘を受ける。
4 部屋の片隅。
5 災厄を避《さ》ける。
6 錠前をかける。
7 茶釜で湯を沸かす。
8 臼をひく。
9 憤然とした顔。
10 生活の基盤。
11 本を携帯する。
12 昔の城郭。
13 辛辣な意見。
14 国の宰相。
15 比喩で表現する。

1

1	5	9	13
2	6	10	14
3	7	11	15
4	8	12	

各2点

2 カタカナを漢字に直しなさい。

1 カゲエを楽しむ。
2 ボンサイの手入れ。
3 今日はクモりだ。
4 敵からニげる。
5 大きなタキ。
6 話のヨクヨウ。
7 ジュウナンな発想。
8 絵のケッサク。
9 事件のブンセキ。
10 カカンにいどむ。
11 セマい部屋。
12 ヒヨクな大地。
13 ルイセキ赤字。
14 ダキョウして選ぶ。
15 オトサタがない。

2

1	5	9	13
2	6	10	14
3	7	11	15
4	8	12	

各2点

❸ 漢字の音と訓に関する次の問いに答えなさい。

(1) 次の――線の漢字の読み方は、音読みと訓読みのどちらですか。音読みは「ア」、訓読みは「イ」を書きなさい。

❶ 春菊　❷ 開幕　❸ 片側　❹ 杉林
❺ 駅前　❻ 豚肉　❼ 炎上　❽ 風鈴

(2) 次の熟語の読み方をあとから一つずつ選び、記号で答えなさい。

❶ 場所　❷ 絵本　❸ 台所　❹ 胃袋
❺ 曖昧　❻ 横幅　❼ 値段　❽ 煮物

ア 音読み　イ 訓読み　ウ 重箱読み　エ 湯桶《ゆとう》読み

(3) 次の漢字から国字を四つ探し、記号で答えなさい。

ア 峠　イ 紋　ウ 込　エ 畑
オ 里　カ 働　キ 動　ク 脇

❸

(1) 各1点	❶	❷	❸	❹	❺	❻	❼	❽
(2) 各1点	❶	❷	❸	❹	❺	❻	❼	❽
(3) 各2点								

❹ 漢字の読みに関する次の問いに答えなさい。

(1) ――線の熟語の読み方を答えなさい。

❶ 一目見たときから、彼女のことが頭から離れない。
❷ 彼の頑張りには、一目置いている。

(2) 次の熟語を（　）の指示に従って読みなさい。

❶ 背筋（訓読み）　❷ 背筋（音読み）
❸ 寒気（音読み）　❹ 寒気（湯桶読み）
❺ 金星（音読み）　❻ 金星（重箱読み）

❹

(1) 各2点	❶	❷				
(2) 各2点	❶	❷	❸	❹	❺	❻

テストに出る

- 音読み…中国での発音をもとにした読み方。
- 訓読み…意味を表す読み方。
- 重箱読み…音読み＋訓読みの組み合わせ。
- 湯桶読み…訓読み＋音読みの組み合わせ。

Step 1

言葉がつなぐ世界遺産

15分

❶ 文章を読んで、問いに答えなさい。

▼㊧203ページ2行～206ページ11行

世界遺産登録に先立つ一九九八年十二月、審査《しんさ》をするイコモスの専門家たちが、日光《にっこう》の現地調査を行った。その際、彼らは、社寺や景観のすばらしさを称賛《しょうさん》するとともに、建造物を修復し保存するための方法に対して、そろって①舌を巻いたという。専門家たちが驚いた②その方法とは、どんなものなのだろうか。

その一つは、「修復記録の蓄積《ちくせき》」である。

日光社寺文化財保存会の浅尾和年《あさおかずとし》さんに、③その一部を見せていただいた。目の前に広げられたのは、一匹の竜が描《えが》かれた、④畳一《たたみいち》畳《じょう》ほどの大きさの和紙だった。見取り図と呼ばれるものである。浅尾さんによると、実物の彫刻《ちょうこく》と同じ大きさや色合いで描かれているという。迫力《はくりょく》に満ちた、色鮮《あざ》やかな竜である。

そして、余白には、修復のための指示が細かな筆文字で書きこまれていた。確かに、彫刻の絵を正確に描くことで、形や色は描《か》き留めることができる。しかし、⑤細かな技法や微妙《びみょう》な色合いなどの表現方法は、絵だけで完全に伝えることは難しい。絵で伝えることの困難な情報を、後世の

(1) ――線①「舌を巻いた」を言い換えた表現を、文章から三字で抜き出しなさい。

(2) ――線②「その方法」とありますが、何のための方法ですか。文章から十三字で抜き出しなさい。

(3) ――線③「その一部」とありますが、何の一部ですか。文章から抜き出しなさい。

(4) ――線④「畳一畳ほどの大きさの和紙」とありますが、これは何ですか。文章から一語で抜き出しなさい。

(5) ――線⑤「細かな技法」とありますが、これを文章で具体的に紹介《しょうかい》している連続する二文を探して初めの五字を答えなさい。

職人が見たときにもわかるよう、丁寧《ていねい》に文字で書き留めていたのである。

　見取り図の一枚には、五重塔《ごじゅうのとう》の軒下《のきした》に据えられた、十二支のとらが描かれていた。余白の指示は、鼻、目、耳と、部分ごとに二十あまりに及《およ》んでいる。

「目《め》　朱《しゅ》ノクヽリ」（目の外側の輪郭は、朱色で囲む。）

「中《なか》　白群地《びゃくぐんじ》ニ元《もと》ヨリ群青《ぐんじょう》ヲフカス」（目の白い部分は、水色地に濃《こ》い青で縁《ふち》をぼかす。）

「ヒトミ　朱土《しゅど》、クヽリ星《ほし》　墨《すみ》」（瞳《ひとみ》は茶色で塗《ぬ》り、輪郭と中心の部分は黒色で塗る。）

　書き記された情報に従えば、完全に元どおりのものを描くことができるという。その指示が、職人にとっては何よりも頼《たよ》りになる修復の手がかりなのだ。

「例えば、色の境目をぼかしながらグレーから白に徐々《じょじょ》に変えていくというような技法がありますが、そうした技法で描かれていることを、ここに書きこんでいきます。絵の具を何度も塗り重ねて盛り上げ、立体感を出す置き上げという技法などもそうです。この絵だけですと、平面的な彩色《さいしき》なのか、置き上げなのかわからないわけです。ですから、これは立体的な模様だということを、情報として書きこまなくてはならないのです。」

　先人から私たちへ、そして私たちから未来へと受け渡していくために、⑥言葉による情報が欠かせないのだと、浅尾さんは語ってくれた。

橋本 典明「言葉がつなぐ世界遺産」〈『NHKスペシャル 日本の世界遺産 秘められた知恵と力』の一部を書き改めたもの〉より

(6) ——線⑥「言葉による情報が欠かせない」とありますが、言葉によるどのような情報が欠かせないのですか。次から一つ選び、記号で答えなさい。

ア 細かな技法に関する情報。
イ 正確な形や色に関する情報。
ウ かつて携わった職人に関する情報。

（　　）

(7) 本文の内容として正しいものを次から一つ選び、記号で答えなさい。

ア 審査団は、初めは日光の世界遺産登録に反対していた。
イ 見取り図の情報に従えば元どおりの絵を描ける。
ウ 最終的に日光は世界遺産に登録されなかった。

（　　）

ヒント

(2) 「方法」という言葉を——線②より前から探す。
(3) 「その方法」の一つである。

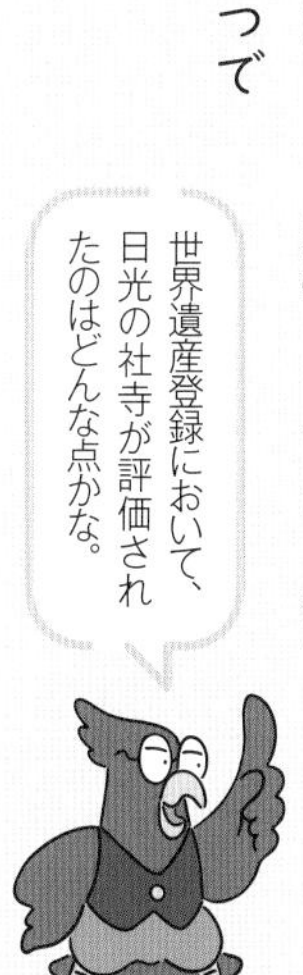
世界遺産登録において、日光の社寺が評価されたのはどんな点かな。

Step 2

言葉がつなぐ世界遺産

20分

／100
目標 75点

1 文章を読んで、問いに答えなさい。思

▼教 207ページ10行～209ページ10行

日光《にっこう》では、創建当時から彩色《さいしき》に岩絵の具や金箔《きんぱく》が使われてきた。多彩に見えるが、実際に使われている絵の具は、十種類にも満たない。微妙《びみょう》に混ぜ合わせ、また、立体的な置き上げ技法による陰影《いんえい》などを利用して、複雑な色彩を生み出している。さらに、その日の湿《しつ》度《ど》や温度によっても、絵の具の溶《と》き方をきめ細かく変え、微妙な色合いを確かめながら、彫刻《ちょうこく》の一つ一つの部分を丁寧《ていねい》に塗《ぬ》らなければならない。実に①繊細《せんさい》な技術は、師匠《ししょう》から弟子《でし》に、丁寧に説明され受け継《つ》がれていく。この日も、師匠である澤田《さわだ》さんの言葉を、噛《か》みしめながら聞いている手塚《てづか》さんの姿があった。ここでもまた、技術を受け渡していくのは、言葉なのである。

「（教えられたことを）自分の肌《はだ》でつかんで、初めてできるようになると思います。それまではまだまだ修行《しゅぎょう》です。」と、作業の手を止めることなく、手塚さんは語った。

言葉で教えられたことを②自分の技術へと高めていく。彼らが受け継がなければ失われる技術であるだけに、手塚さんの言葉はとても重みのあるものに感じられた。

もう一つ、二人のやりとりをうかがっていて印象深く感じたことがある。それは、これがただ師弟《してい》の間だけで技術を受け渡すのではないということだ。師匠の澤田さんにしても、③江戸時代から連綿と

(1) ――線①「繊細な技術」とは、どういった技術ですか。□にあてはまる言葉を、a～cは文章中から抜き出し、dはあてはまる二字の言葉を書きなさい。

・絵の具を［a］に混ぜ合わせ、置き上げ技法による陰影なども利用して、複雑な［b］を生み出す技術。

・絵の具の［c］を、湿度や温度も考えてきめ細かく変え、微妙な色合いを確かめながら、彫刻の一つ一つの部分を丁寧に［d］技術。

(2) ――線②「自分の技術へと高めていく」と同様の意味の表現を、手塚さんの会話文から九字で抜き出しなさい。

(3) ――線③「江戸時代から連綿と技術を伝承してきた職人の連なり」と同様の意味の表現を、文章中から八字で抜き出しなさい。

(4) ――線④「こうした思い」とは、どのような思いですか。説明しなさい。

(5) 文章中にある会話文はどのような効果があると思われますか。次から一つ選び、記号で答えなさい。

ア 調子のよい話し言葉で、難しい印象を薄める効果。

イ 軽快な会話を入れて、文章にリズムをもたせる効果。

ウ 関係者の言葉を入れて、現実感や真実味をもたせる効果。

点UP

(6) ――線⑤「世代を超えた技術の伝承」は、どのようにして行われてきたのですか。文章中の言葉を使って書きなさい。

技術を伝承してきた職人の連なりの最後尾にいるにすぎない。そしてその連なりは、弟子の手塚さんを経て、おそらく顔を見ることもない幾《いく》世代もの後の職人たちへと続いていく。二人は、こうした長い技術伝承の鎖の一つなのだということを、強く意識しているという。

澤田さんは最後に、「先人から受け継いだ見取り図を使って、同じ色や技法で仕事ができる。本当にうれしいことです。三百年以上も昔の人たちの意気ごみを背負って仕事をしているのですから。」と語ってくれた。

創建以来、どれほどの職人たちが同じ思いを共有してきたことだろう。④こうした思いを胸に、職人たちは、絵や文字で記録を残すとともに、直接言葉で語ることで、技法や技術などを伝えてきた。これこそが、審査《しんさ》に訪《おとず》れたイコモスの専門家たちを驚かせた「修復記録の蓄積《ちくせき》」と⑤「世代を超《こ》えた技術の伝承」なのである。

橋本 典明「言葉がつなぐ世界遺産」〈『NHKスペシャル 日本の世界遺産 秘められた知恵と力』の一部を書き改めたもの〉より

*イコモス……文化財保存活動をする国際的組織。

❷ ――線のカタカナを漢字で書きなさい。

❶ ハクリョクのある絵。　❷ テットウが建つ。
❸ ゴウカな建物。　❹ クワしく調べる。

❶						❷	
(1) a / b / c / d	(2)	(3)	(4)	(5)	(6)	❶ / ❷	❸ / ❹

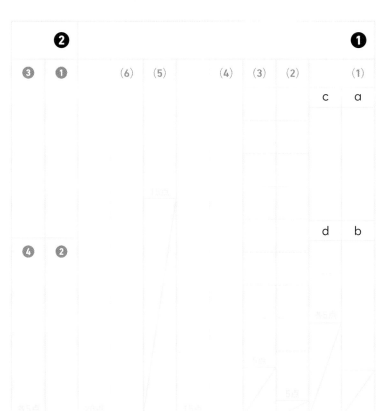

Step 1

地域から世界へ——ものづくりで未来を変える——

15分

❶ 文章を読んで、問いに答えなさい。

▼㊝213ページ下12行～215ページ上11行

一九九二（平成四）年、日本で「第一回　国際絞《しぼ》り会議」が開かれました。会議に実行委員として参加した村瀬《むらせ》さんは、各国から集まった「絞り」職人から、「有松《ありまつ》・鳴海《なるみ》絞り」が高い技術をもっていること、その技術を限られた地域の伝統にとどめず、産業として現代につなげていることが①世界的にも貴重であることを教えられました。海外の職人からも、「有松・鳴海の技術を、言葉だけでなく、実技や体験として学びたい。」という要望が寄せられたため、村瀬さんは欧米《おうべい》の各地で、展示会や技術を実際に見せる展覧会やワークショップを開催しました。このような取り組みをとおして、村瀬さんは、「あえて『和』に固執《こしゅう》せず、新しい分野で、しかも海外で認められることが、日本での価値観を変える。」と考えました。

　そのために、海外での需要《じゅよう》を考え、息子の村瀬弘行《ひろゆき》さんがドイツで設立した会社とともに、有松・鳴海絞りを生かした海外での商品開発や宣伝を工夫していきました。②その方法として、絞りに使う素材を見直し、それまでは使っていなかったウールやカシミア、アルパカなどを素材に、ストールやセーター、ワンピースなどを作りました。洋服だけでなく、クッションなども作りました。すると、「これが有松・鳴海絞り？」と驚かれるほどイメージが変わり、ついには世界のファッション界でも注目され、需要の拡大につながりまし

(1) ——線①「世界的にも貴重である」とありますが、どのようなことが貴重なのですか。文章から二つ、十二字と十六字で探し、それぞれ初めの五字を抜き出しなさい。

(2) ——線②「その方法」について、答えなさい。

❶ 「その方法」とは、何の方法ですか。文章から二十三字で探し、初めと終わりの五字を抜き出しなさい。（記号を含む）

～

❷ ❶の方法として、筆者はどのようなことをしましたか。二つ答えなさい。

(3) ——線③「その誇り」とありますが、どのような誇りですか。次から一つ選び、記号で答えなさい。

ア 海外で通用するものを作っていることへの誇り。

イ 「和」にこだわった製品を作り続けることへの誇り。

ウ 各地の展覧会やワークショップを成功させたことへの誇り。

た。
また、絞りの技法も工夫しました。今までの絞りは、模様を染めたあと、布のしわを伸《の》ばして製品化していました。ところが、素材にポリエステルを使うと、一度しわを寄せて高温と高圧をかければ形状が残ります。そこで、絞ったしわをそのまま残して立体的な造形に仕上げて、絞り独特のユニークな突起のある照明を作ったのです。

こうして、「有松・鳴海絞り」の職人たちも海外での評価に手応えを感じ、③その誇《ほこ》りを自信として、国内外の活動を行っていきました。さらに、海外からも、絞りの研修を志願する多くの人が集まってきたのです。

村瀬さんは、これからも、新しい素材や技術と伝統的なものづくりを融合《ゆうごう》させ、④発想の転換をはかっていきたいと考えています。また、地元の幼稚園や小中学校に出向いたり、工房《こうぼう》を見学してもらったりして、子どもたちに「絞り」の技術を紹介《しょうかい》しています。そこでは子どもたちに、「今日の体験で、作る喜びを感じてほしい。それが、地域の文化や伝統としてつながっていることを誇りに思うこと。さらにその体験を生かし、⑤世界を視野に入れて考えてみること。」と伝えています。

関根 由子「地域から世界へ――ものづくりで未来を変える――」より

(4) ――線④「発想の転換」とありますが、発想の転換としてあてはまらないものを次から一つ選び、記号で答えなさい。

ア それまで使っていなかったものを素材として使うこと。
イ あえてしわを生かした製品を作ったこと。
ウ 海外に広めるために、ドイツに会社を作ったこと。

(5) ――線⑤「世界を視野に入れて考えてみること」とありますが、村瀬さんが世界を視野に入れて活動した結果、どのような成果が得られましたか。□にあてはまる言葉を文章から探し、aは七字、bは五字で抜き出しなさい。

・世界の[a]から注目され、需要の拡大につながったこと。
・海外からも、[b]を志願する人が多く集まったこと。

a
b

ヒント

(1) 直前の部分に着目する。
(2) ❶「その」が指す内容を考える。

どんな相手にどのように宣伝するかで評価が大きく変わることもあるんだね。

Step 2

文法の小窓3 単語のいろいろ／漢字の広場4 熟語の構成

（言葉がつなぐ世界遺産～漢字の練習6）

20分

／100

目標 75点

❶ ――部の漢字の読み仮名を書きなさい。

① 部屋の装飾。
② 神社の境内。
③ 厳しい審査。
④ 兄に頼る。
⑤ 繊細な作業。
⑥ 舞台に立つ。
⑦ 野菜を出荷する。
⑧ 洞窟を調査する。
⑨ 物事の是非を問う。
⑩ 憂鬱な気持ち。
⑪ 渋いお茶。
⑫ 海藻を食べる。
⑬ 進捗をたずねる。
⑭ 大昔の古墳。
⑮ 邸宅に住む。

❶

①	⑤	⑨	⑬
②	⑥	⑩	⑭
③	⑦	⑪	⑮
④	⑧	⑫	

各2点

❷ カタカナを漢字に直しなさい。

① シッケを防ぐ。
② チョウコクの作品。
③ アザやかな色。
④ 風景をエガく。
⑤ 色合いがコい。
⑥ 激しいライメイ。
⑦ ハクシュをする。
⑧ 誤りのテイセイ。
⑨ ソウダイな物語。
⑩ フキュウの名作。
⑪ モモを食べる。
⑫ 必要なソチ。
⑬ かぜのショウジョウ。
⑭ 喉《のど》をウルオす。
⑮ 水にヒタす。

❷

①	⑤	⑨	⑬
②	⑥	⑩	⑭
③	⑦	⑪	⑮
④	⑧	⑫	

各2点

❸ 単語に関する次の問いに答えなさい。

(1) 次の文の——線の単語は、自立語と付属語のどちらですか。自立語はア、付属語はイを答えなさい。

❶ 家で勉強する。　❷ 悲しい表情。　❸ 動物園へ行く。

❹ では、そうしよう。　❺ 私は学生だ。　❻ 風が強い。

(2) 次の——線の単語の品詞名を、あとから一つずつ選び、記号で答えなさい。

❶ それは何ですか。　❷ 立派な行動をとる。

❸ どこへ行くのですか。　❹ すずしい風が吹く。

❺ ああ、きれいな月だな。　❻ 遊びに行きたい。

❼ その話は前も聞いた。　❽ でも、くじけずにやろう。

❾ いつも笑っている。　❿ 自転車に乗る。

ア 動詞　イ 形容詞　ウ 形容動詞　エ 名詞

オ 連体詞　カ 副詞　キ 接続詞　ク 感動詞

ケ 助詞　コ 助動詞

❸		
(1)	❶ ❷ ❸ ❹ ❺ ❻	各2点
(2)	❶ ❷ ❸ ❹ ❺ ❻ ❼ ❽ ❾ ❿	各2点

❹ 次の漢字の熟語の構成を、あとから一つずつ選び、記号で答えなさい。

❶ 温水　❷ 明暗　❸ 県営　❹ 永久　❺ 知的

❻ 乗車　❼ 不可　❽ 増減

ア 主語―述語　型　イ 修飾―被《ひ》修飾　型

ウ 述語―対象　型　エ 同類語　型

オ 反対語　型　カ 接頭語　型　キ 接尾語　型

❹	
❶ ❷ ❸ ❹ ❺ ❻ ❼ ❽	各1点

テストに出る

自立語	名詞（＝体言）		物の名前。例山・家　など
自立語	連体詞		体言を修飾する。例あらゆる　など
自立語	副詞		主に用言を修飾する。例ずっと　など
自立語	接続詞		接続語になる。例そして・しかし　など
自立語	感動詞		独立語になる。例ああ・やあ　など
自立語	動詞	用言	ウ段で終わる。例歌う・走る　など
自立語	形容詞	用言	「い」で終わる。例近い・重い　など
自立語	形容動詞	用言	「だ・です」で終わる。例静かだ　など
付属語	助詞		例雨がやむと、弟は走っていった。
付属語	助動詞		例頼まれたことがまだ終わらない。

Step 1

四季の詩

❶ 詩を読んで、問いに答えなさい。

▼㊙236ページ～237ページ

春の詩

春

安西《あんざい》 冬衛《ふゆえ》

てふ《(チョウ)》てふ《(チョウ)》が一匹韃靼海峡《だつ(ツ)たんかいけふ(キョウ)》を渡つ《(ツ)》て行つ《(ツ)》た。

15分

(1) 詩「春」で、「てふてふ」が韃靼海峡を渡るのはどんなことだと思われますか。次から一つ選び、記号で答えなさい。

ア 簡単だ　イ 大変だ　ウ 楽しい　エ 無意味だ

(　　)

(2) 詩「春」のイメージについての説明した文の□にあてはまる言葉をあとから一つずつ選び、記号で答えなさい。

・この詩を読むと、一匹の「てふてふ」が広い海峡を渡る情景がイメージされる。情景から、「てふてふ」と「韃靼海峡」の[a]を感じさせるが、これは、平仮名表記と画数の多い[b]表記による視覚的な違い、力強い「ダッタンカイキョウ」の音による[c]的な違いからも感じさせる。

a ア 対比　イ 類似　ウ 同一

b ア 漢字　イ 平仮名　ウ 片仮名

c ア 味覚　イ 視覚　ウ 聴覚《ちょうかく》

a (　　)　b (　　)　c (　　)

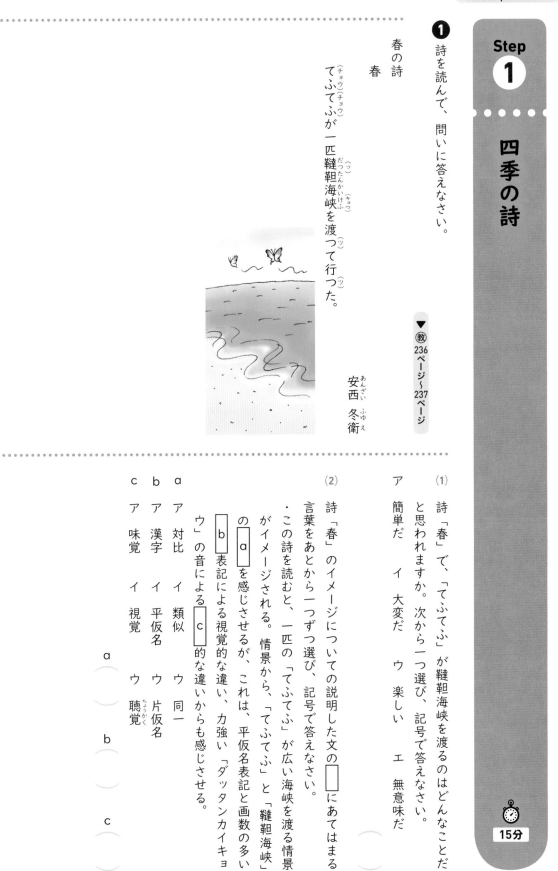

秋の詩

虫

虫がないてる
いま　ないておかなければ
もう駄目《だめ》だというふうにないてる
しぜんと
涙《なみだ》をさそわれる

八木《やぎ》　重吉《じゅうきち》

冬の詩

雪

太郎を眠らせ、太郎の屋根に雪ふりつむ。
次郎を眠らせ、次郎の屋根に雪ふりつむ。

三好《みよし》　達治《たつじ》

「四季の詩」より

(3) 詩「虫」を、内容のうえから二つに分けるとすると、後半はどこからですか。後半の始まりの一行を書きなさい。

(　　　)

(4) 詩「虫」において、作者は虫の鳴き声をどのように感じ取っていると思われますか。次の□にあてはまる言葉を、それぞれ四字以内で書きなさい。

・虫は、自分の命の a を悟って、 b に鳴いている。

a

b

(5) 詩「雪」において、雪はどんな様子だと思われますか。（　　）に入る言葉を十字以上二十字以内で書きなさい。

・「雪」の日のイメージや、太郎と次郎を「眠らせ」とあること、また、「雪ふりつむ」という表現が繰り返されていることから考えると、雪は（　　）と思われる。

ヒント

(2) 詩「春」を、声に出して読むとわかりやすい。

(3) 虫の鳴く様子とそれを聞く様子とに分けられる。

Step 1

少年の日の思い出

1 文章を読んで、問いに答えなさい。

▼㊙244ページ11行〜246ページ12行

僕は、八つか九つの時、チョウチョ集めを始めた。初めは特別熱心でもなく、ただはやりだったので、やっていたまでだった。ところが、十歳《さい》ぐらいになった二度めの夏には、僕は全く①この遊戯《ゆうぎ》のとりこになり、ひどく心を打ち込んでしまい、そのため他のことはすっかりすっぽかしてしまったので、みんなは何度も、僕にそれをやめさせなければなるまい、と考えたほどだった。②チョウを採りに出かけると、学校の時間だろうが、お昼ご飯だろうが、もう塔の時計が鳴るのなんか、耳に入らなかった。休暇になると、パンを一きれ胴《どう》乱《らん》に入れて、朝早くから夜まで、食事になんか帰らないで、駆《か》け歩くことがたびたびあった。

今でも美しいチョウチョを見ると、おりおり③あの熱情が身にしみて感じられる。そういう場合、僕はしばしの間、子どもだけが感じることのできる、あのなんともいえぬ、貪《むさぼ》るような、うっとりした感じに襲《おそ》われる。少年の頃、初めてキアゲハに忍《しの》び寄った、あの時味わった気持ちだ。また、そういう場合、僕はすぐに幼い日の無数の瞬間《しゅんかん》を思い浮かべるのだ。強くにおう乾《かわ》いた荒野《こうや》の焼きつくような昼下がり、庭の中の涼《すず》しい朝、神秘的な森の外れの夕方、僕はまるで宝を探す人のように、網を持って待ち伏《ふ》せていたものだ。そして美しいチョウを見つけると、特別に珍《めずら》しいのでなくったってかま

1 (1) ――線①「この遊戯のとりこ」について、答えなさい。

「この遊戯」とは何ですか。文章から七字で抜き出しなさい。

2 「この遊戯のとりこ」になった「僕」に対して、周りはどのように考えましたか。文章から十七字で探し、初めの五字を抜き出しなさい。

(2) ――線②「チョウを採りに出かける」とありますが、チョウを採っているときの「僕」の様子をたとえた言葉を、文章から五字で抜き出しなさい。

(3) ――線③「あの熱情」とありますが、これはどのような感覚ですか。文章から十四字で探し、初めの五字を抜き出しなさい。

15分

わない、日なたの花に止まって、色のついた羽を呼吸とともに上げ下げしているのを見つけると、捕《と》らえる喜びに息もつまりそうになり、しだいに忍び寄って、輝《かがや》いている色の斑点《はんてん》の一つ一つ、透きとおった羽の脈の一つ一つ、触角《しょっかく》の細いとび色の毛の一つ一つが見えてくると、その緊張《きんちょう》と歓喜《かんき》ときたら、なかった。そうした微妙な喜びと、激しい欲望との入り交じった気持ちは、その後、そうたびたび感じたことはなかった。

　僕の両親は立派な道具なんかくれなかったから、僕は自分の収集を、古い潰《つぶ》れたボール紙の箱にしまっておかねばならなかった。びんの栓《せん》から切り抜いた丸いキルクを底に貼《は》り付け、ピンをそれに留めた。こうした箱の潰れた壁《かべ》の間に、僕は自分の宝物をしまっていた。初めのうち、僕は自分の収集を喜んでたびたび仲間に見せたが、他の者はガラスの蓋《ふた》のある木箱や、緑色のガーゼを貼った飼育箱や、その他ぜいたくなものを持っていたので、自分の④幼稚な設備を自慢することなんかできなかった。それどころか、重大で、評判になるような発見物や獲物《えもの》があっても、ないしょにし、自分の妹たちだけに見せる習慣になった。

ヘルマン＝ヘッセ／高橋 健二訳「少年の日の思い出」
〈ヘッセ全集２　車輪の下〉より

(4) ――線④「幼稚な設備」とありますが、「僕」の設備はどのようなものでしたか。□にあてはまる言葉を文章から探し、aは六字、bは三字で抜き出しなさい。

・古い潰れた a の底に、びんの栓から切り抜いた b を貼り付け、ピンを留めたもの。

a □□□□□□

b □□□

(5) 文章の表現の特徴《とくちょう》として、あてはまるものを次から一つ選び、記号で答えなさい。

ア 色や模様などチョウの様子を詳しく描くことによって、「僕」のチョウに関する知識の多さを表現している。

イ 「僕」の視点で、子どもの頃のチョウへの熱情を描くことで、「僕」が風変わりな子どもであったことを表現している。

ウ 視覚、嗅覚などさまざまな感覚についての表現によって、「僕」がチョウに熱中する様子がありありと表現されている。

ヒント

(1) ❶――線よりも前の部分に着目する。

(4) 「僕の両親は立派な道具なんかくれなかった」とあるところに着目する。

「僕」がチョウに熱中している様子を読み取ろう。

Step 2

少年の日の思い出

20分

／100

目標 75点

1 文章を読んで、問いに答えなさい。思

▼教252ページ5行～254ページ8行

あの模範《もはん》少年でなくて、他の友達だったら、すぐにそうする気になれただろう。彼が僕の言うことをわかってくれないし、おそらく全然信じようともしないだろうということを、僕は前もって、はっきり感じていた。かれこれ夜になってしまったが、僕は出かける気になれなかった。母は僕が中庭にいるのを見つけて、「今日のうちでなければなりません。さあ、行きなさい！」と小声で言った。それで僕は出かけていき、エーミールは、と尋《たず》ねた。彼は出てきて、すぐに、①誰かがヤママユガをだいなしにしてしまった。悪いやつがやったのか、あるいはネコがやったのかわからない、と語った。僕はそのチョウを見せてくれと頼んだ。二人は上に上がっていった。彼はろうそくをつけた。僕はだいなしになったチョウが展翅《てんし》板の上に載っているのを見た。エーミールがそれを繕《つくろ》うために努力した跡《あと》が認められた。壊れた羽は丹念《たんねん》に広げられ、ぬれた吸い取り紙の上に置かれてあった。しかしそれは直すよしもなかった。触覚《しょっかく》もやはりなくなっていた。そこで、それは僕がやったのだと言い、詳しく話し、説明しようと試みた。

するとエーミールは激したり、僕をどなりつけたりなどはしないで、低く、ちえっと舌を鳴らし、②しばらくじっと僕を見つめていたが、それから「そうか、そうか、つまり君はそんなやつなんだな。」

(1) ――線①「ヤママユガをだいなしにしてしまった」とありますが、「だいなし」とは具体的にどのような状態を指していますか。文章中の言葉を使って簡潔に書きなさい。

(2) ――線②「しばらくじっと僕を見つめていた」とありますが、エーミールはどのように見つめていましたか。（　）にあてはまる言葉を文章から探し、漢字二字で抜き出しなさい。

・（　）して見つめていた。

(3) ――線③「ぼくはすんでのところであいつの喉笛に飛びかかるところだった」とありますが、それはなぜですか。「チョウへの思い」「プライド」という言葉を使って、説明しなさい。

(4) エーミールに謝罪を受け入れてもらえなかったことで、「僕」が学んだ教訓はどんなことですか。文章から三十字以内で探し、初めと終わりの四字を抜き出しなさい。

点UP

(5) ――線④「チョウチョを一つ一つ取り出し、指でこなごなに押し潰してしまった」とありますが、「僕」がそのようなことをしたのは、なぜですか。「あやまち」「罰」という言葉を使って、説明しなさい。

と言った。

　僕は彼に、僕のおもちゃをみんなやると言った。それでも彼は冷《れい》淡《たん》にかまえ、依然《いぜん》僕をただ軽蔑《けいべつ》的に見つめていたので、僕は自分のチョウの収集を全部やると言った。しかし彼は、「けっこうだよ。僕は君の集めたやつはもう知っている。そのうえ、今日また、君がチョウをどんなに取り扱《あつか》っているか、ということを見ることができたさ。」と言った。

　その瞬間《しゅんかん》、③僕はすんでのところであいつの喉笛《のどぶえ》に飛びかかるところだった。もうどうにもしようがなかった。僕は悪漢だということに決まってしまい、エーミールはまるで世界のおきてを代表でもするかのように、冷然と、正義をたてに、侮《あなど》るように、僕の前に立っていた。彼は罵《ののし》りさえしなかった。ただ僕を眺めて、軽蔑していた。

　その時初めて僕は、一度起きたことは、もう償《つぐな》いのできないものだということを悟った。僕は立ち去った。母が根ほり葉ほりきこうとしないで、僕にキスだけして、かまわずにおいてくれたことをうれしく思った。僕は、床にお入り、と言われた。僕にとってはもう遅《おそ》い時刻だった。だが、その前に僕は、そっと食堂に行って、大きなとび色の厚紙の箱を取ってき、それを寝台の上に載せ、闇の中で開いた。そして④チョウチョを一つ一つ取り出し、指でこなごなに押し潰《つぶ》してしまった。

ヘルマン＝ヘッセ／高橋 健二訳「少年の日の思い出」
〈ヘッセ全集２　車輪の下〉より

❷ ──線のカタカナを漢字で書きなさい。

❶ 話をソウニュウする。
❷ 音楽をカンショウする。
❸ ユウガな生活。
❹ ニンジャの格好をする。

❶					❷			
(1)	(2)	(3)	(4)	(5)	❶	❷	❸	❹
15点	5点	20点	〜 15点	25点			各5点	

成績評価の観点　思…思考・判断・表現

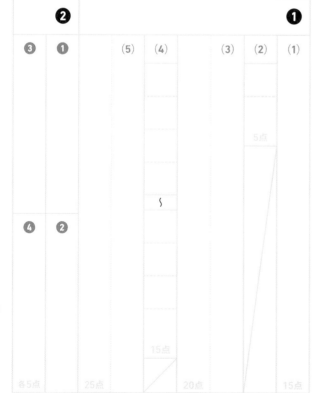

Step 2

言葉の小窓3　方言と共通語
（四季の詩～漢字の練習7）

20分

/100
目標 75点

1 ――部の漢字の読み仮名を書き、カタカナは漢字に直しなさい。

1 楽しい遊戯。
2 斑点の模様。
3 虫の触角。
4 シールを貼る。
5 人を妬む。
6 才能を羨む。
7 依然動かない。
8 悪事を軽蔑する。
9 大声で罵る。
10 厳しくイマシめる。
11 カンジャの治療《ちりょう》。
12 発言をテッカイする。
13 犬専門のジュウイ。
14 スんだ空気。
15 ウナバラに船出する。

1

1	5	9	13
2	6	10	14
3	7	11	15
4	8	12	

各2点

2 共通語と方言に関する次の問いに答えなさい。

(1) □にあてはまる言葉をあとから一つずつ選び、記号で答えなさい。

・[a]によって違いがみられる言葉を方言といい、言葉の違いは、単語や文法、[b]にも現れる。また、地理的な要因だけではなく、団体や世代などの社会的な要因によって言葉が違うこともある。これを[c]方言という。
・昔の[d]周辺の地域でもともと使われていた方言に、近畿《きんき》地方の方言などの要素が加わってできた言葉を共通語という。
・現代の人は、[e]や場面によって、方言と共通語を使い分けているのが一般《いっぱん》的である。

ア　江戸　イ　地域　ウ　相手
エ　社会　オ　発音

2

(1)

a	d
b	e
c	

各14点

テスト前 ☑ やることチェック表

① まずはテストの目標をたてよう。頑張ったら達成できそうなちょっと上のレベルを目指そう。
② 次にやることを書こう（「ズバリ英語○ページ，数学○ページ」など）。
③ やり終えたら□に✔を入れよう。
最初に完ぺきな計画をたてる必要はなく，まずは数日分の計画をつくって，
その後追加・修正していっても良いね。

目標

	日付	やること 1	やること 2
2週間前	／	□	□
	／	□	□
	／	□	□
	／	□	□
	／	□	□
	／	□	□
	／	□	□
1週間前	／	□	□
	／	□	□
	／	□	□
	／	□	□
	／	□	□
	／	□	□
	／	□	□
テスト期間	／	□	□
	／	□	□
	／	□	□
	／	□	□
	／	□	□

キリトリ線

QRコードのページに登録すると，「ぴたリンク」からも表をダウンロードできるよ

テスト前 ☑ やることチェック表

① まずはテストの目標をたてよう。頑張ったら達成できそうなちょっと上のレベルを目指そう。
② 次にやることを書こう（「ズバリ英語〇ページ，数学〇ページ」など）。
③ やり終えたら▢に✔を入れよう。
最初に完ぺきな計画をたてる必要はなく，まずは数日分の計画をつくって，
その後追加・修正していっても良いね。

目標

	日付	やること 1	やること 2
2週間前	／	☐	☐
	／	☐	☐
	／	☐	☐
	／	☐	☐
	／	☐	☐
	／	☐	☐
	／	☐	☐
1週間前	／	☐	☐
	／	☐	☐
	／	☐	☐
	／	☐	☐
	／	☐	☐
	／	☐	☐
	／	☐	☐
テスト期間	／	☐	☐
	／	☐	☐
	／	☐	☐
	／	☐	☐
	／	☐	☐

QRコードのページに登録すると，「ぴたリンク」からも表をダウンロードできるよ

教育出版版 国語1年
定期テスト ズバリよくでる
解答集
〈本体から外してお使いください〉

ふしぎ

2~3ページ Step 1

❶ (1)・黒と銀
　・青と白（順不同）
(2) イ
(3) ア○　イ×　ウ○

❷ ①みなもと　②じゅうだん　③りんじ　④そ　⑤きざ
⑥さっし　⑦いずみ　⑧すいそく

❸ ①異　②貴重　③階段　④危険　⑤誕生　⑥法律　⑦幼
⑧磁石

考え方

❶ (1) 同じ連の、色を表す言葉どうしを対比させている。
(2) 他の人が、自分とは違《ちが》って、素朴《そぼく》な「なぜ」をもたないことを「ふしぎでたまらない」と言っている。
(3) 同じ言葉（言い方）を繰《く》り返してリズムを作ったり、普通《ふつう》は「わたしは、……がふしぎでたまらない」とする部分を「わたしはふしぎでたまらない、……ことが」と文の順序を入れ替《か》えたりしている。

桜蝶《さくらちょう》

4~5ページ Step 1

❶ (1) 公園
(2) 蝶はこれか~向かって。
(3) 桜蝶
(4) イ
(5) 葉桜蝶
(6) ア

考え方

❶ (1)「ここ」は倉橋《くらはし》君が毎日桜蝶《さくらちょう》を観察している場所。Bの最初に「僕《ぼく》は蝶を発見したその日から、公園へと毎日通った。」とある。
(2) 倉橋君は公園で桜蝶を観察していたのである。倉橋君が「あっ。」と叫《さけ》んだのは、桜蝶が一斉《いっせい》に飛び立ったから。その場面をBから探すと、倉橋君が「蝶はこれから旅立つのだ。さらに北の方へ向かって。」と考えていることがわかる。
(3) これまでの倉橋君の話から考えると、桜蝶のことである。
(6) 春との別れを惜《お》しむ白石《しらいし》さんの言葉を聞いて、倉橋君は親友の「別れは終わりなんかじゃない。始まりなんだよ」という言葉を思い出す。これをこの場面に照らし合わせると、〝春との別れと新しい季節の始まり〟という意味であるとともに、〝親友との別れと新しい人間関係の始まり〟という意味であることがわかる。そのことに気づいた倉橋君は、新しい環境《かんきょう》での生活に対して前向きな気持ちになっている。

桜蝶《さくらちょう》

6～7ページ Step 2

❶ (1) 夕空

(2) ① 例 目の前の桜の木から一斉に花びらが散ったと思うと、そのまま宙を飛び始めたこと。

② 桜蝶の旅立ち

(3) 別れぎわの親友の言葉。

(4) ① 例 毎日公園で桜蝶を観察し、自分の境遇を重ねて、孤独を分け合う日々。

② 例 桜蝶がもうすぐ北へ旅立ってしまうから。

(5) 例 親友とは別れてしまったけれど、これからはこの町で新しい人間関係を作っていこうという前向きな気持ち。

❷ ① 転勤 ② 故郷 ③ 留 ④ 告

考え方

❶ (1) 時間帯を表す漢字が入っている言葉がないか探す。Aの文章に「夕空を、ピンクの靄《もや》が北に向かって移動していく。」とある。

(2) ①「信じられないこと」の内容は直後の文に書かれている。花びらが地面に落ちずに宙を飛ぶということは、常識では考えられず、「信じられない」と思ったのである。

②「それは花びらのような羽を持った淡《あわ》いピンクの蝶《ちょう》だった」とあるので、桜蝶が飛び立ったのだとわかる。桜蝶が飛んでいくことを表した言葉は、Aの文章にある「桜蝶の旅立ち」である。

(3) 倉橋《くらはし》君の視点で書かれたBの文章に着目する。白石《しらいし》さんの言葉を受けて、ハッとして、「僕《ぼく》の頭に別れぎわの親友の言葉がよみがえってきた」とある。具体的に「別れは終わりなんかじゃない。始まりなんだよ、という親友の言葉。」などと答えても正解。

(4) ①「そんな日々」の内容は、前の部分に着目する。また、Aの文章では、毎日通って、観察していることが述べられているので、そのこともふまえて解答をまとめる。

②Aの文章に「そろそろ次の目的地に向かって飛び立つ気配を見せてるんだ」とある。桜蝶が飛び立ってしまえば、公園で桜蝶を観察し、自分の境遇《きょうぐう》を桜蝶に重ねる日々も終わるのである。

(5) 白石さんの言葉を受けて、倉橋君は親友の言った言葉を思い出す。倉橋君にとっての「別れ」は、親友との別れ。「始まり」とは、白石さんをはじめとした、新しい土地での出会いを意味している。「親友との別れを乗りこえて、新たな環境《かんきょう》で新しい出会いを大事にしていこうという気持ち。」などでも正解。

文法の小窓1　言葉の単位

8～9ページ Step 2

❶ ① かな ② とうと（たっと） ③ お ④ あや ⑤ ひ ⑥ わざわ ⑦ さち ⑧ もと ⑨ かみわざ ⑩ あたい ⑪ くらもと ⑫ わざ ⑬ いっせい ⑭ ふ ⑮ ぼしゅん

❷ ① 桜 ② 観察 ③ 試 ④ 操 ⑤ 大勢 ⑥ 集 ⑦ 防 ⑧ 小銭 ⑨ 花園 ⑩ 速 ⑪ 伝授 ⑫ 胸苦 ⑬ 孤島 ⑭ 耳鼻科 ⑮ 一夕

❸ イ・オ・カ

❹ (1) ウ

(2) ① 僕は／プールで／友達と／泳ぐ。

② 私は／毎日／日記を／書いて／います。

❺ (1) イ

(2) 一日中｜雨｜が｜降っ｜た。

考え方

❸ 言い切っている箇所《かしょ》に句点を打つことができる。

❹ 文節とは、不自然にならないように、できるだけ細かくくぎったひとまとまりのこと。「ネ」や「ヨ」を入れながらくぎるとわかりやすい。

(1) 「浮《う》かんで（ネ）／いる（ネ）」と文節に分けられる。

(2) ②「書いて（ネ）／います（ネ）」と文節に分けられる。

❺ 単語に分けるときには、いったん文を文節に分けてから、さらに分けられないかを考える。単語は、原則として辞書の見出し語となる。
(1)「毎晩」「読書する」は、それぞれ一単語。「〜する」の形は一単語と覚えておく。
(2)「降った」は「降っ」と「た」に分けられる。「降っ」の基本形は「降る」。「た」は過去を表す。

自分の脳を知っていますか

10〜11ページ Step❶

❶ (1)・では、その
・それには、(順不同)
(2) ウ
(3) ウ
(4) ① イ
② a 幅　b 高さ
(5) 非合理的

考え方

❶ (1)「〜か。」など疑問を表す表現を探す。第一段落に「では、その場で最も適切と思われる要素を、人はどのように選ぶのでしょうか。」「それには、脳のどのようなはたらきが関わっているのでしょうか。」とある。
(4) ①「軍配」とは、相撲《すもう》の行司が持っているうちわの形をした道具。勝利した力士を軍配で示す。
②同じ段落の内容をふまえる。クッキーCと比べているのは「幅《はば》」と「高さ」。クッキーAとクッキーCを比べると、クッキーAは高さで劣《おと》っている。クッキーBとクッキーCを比べると、幅も高さも優《すぐ》れている。
(5) (1)で問われた二つの疑問について説明しながら、奇妙《きみょう》な癖《くせ》について明らかにしている。最後の段落に着目すると、奇妙な癖について、「本人は論理的に考えているつもりかもしれませんが、知らず知らずのうちに判断の方法が変わり、非合理的な決断に陥《おちい》ってしまうことがある」とある。

自分の脳を知っていますか

12〜13ページ Step❷

❶ (1) 例 本人は論理的に考えているつもりなのに、非合理的な判断になってしまうから。
(2) 効率化
(3) 例 経験が少なく、直感がはたらかないから。
(4) ア
(5) [3]
(6) 例 すばやい判断のために簡単な要素にしぼったことが、誤った判断につながってしまうということ。

❷ ① 互　② 陥　③ 比較　④ 癖

考え方

❶ (1)「奇妙《きみょう》」といっているので、一般《いっぱん》的に考えられることとは違《ちが》うということ。一般的に論理的に考えようとすれば、論理的な判断になりそうだが、そうならないため、「奇妙」といっている。
(2) 第[4]段落に「判断をすばやく行うための効率化」とある。
(3) 直前に「すばやい判断のための直感は、長年の経験に基づいています」とある。また、――線③のあとに「成長の過程で多くの経験を通じて、不要な要素をすばやく取り除くことができるようになります」とある。
(4) 不要な要素を取り除くことで、「よけいなことに気を配る手間が省かれ」るのだから、「よけいなことに気を配る」とは、不要な要素について考えることを意味する。
(5) 第[3]段落で、野生動物を例に出して、説明している。

(6)「これ」は直前の「簡単な要素にしぼって比較《ひかく》」すること。「落とし穴になる」とは、失敗や不幸につながるものという意味。ここでは、誤った判断につながることを表す。

漢字の広場1　漢字の部首／言葉の小窓1　日本語の音声

14〜15ページ　Step 2

❶ ①ぬ　②けいぶ　③か　④あご　⑤ちっそ　⑥しげ　⑦おんねん　⑧あんたい　⑨しゅうじん　⑩しいてき　⑪こうわん　⑫すいみん　⑬めんえき　⑭られつ　⑮さいえん

❷ ①妙　②違　③覚悟　④素朴　⑤充実　⑥盗難　⑦音痴　⑧扇　⑨妊娠　⑩寝室　⑪表彰　⑫頑固　⑬廃棄　⑭匿名　⑮敷地

❸ (1)①子音　②母音　③音節　(2)①ア　②イ　(3)イ

❹ (1)①カ　②ク　③ウ　④エ　⑤イ　⑥キ　⑦ア　⑧オ　(2)①にんべん　②うかんむり

—考え方—

❸ (1)「si」「u」それぞれの最初の部分の音を子音《しいん》といい、あとの部分の音を母音《ぼいん》という。また、子音と母音を組み合わせてできた音のまとまりを音節という。

(2)言葉によって、どこを高く、どこを低く発音するかということをアクセントという。音が同じでも発音が違《ちが》う言葉は、実際に発音してみると判別できる。「アメ」は、共通語では「ア」を高く「メ」を低く発音すると「雨」、「ア」を低く「メ」を高く発音すると「飴《あめ》」を示す。

(3)言葉のまとまり全体の調子をイントネーションという。相手に誘《さそ》いや質問を投げかけるときは、文末を高く発音することが多い。

❹ (1)⑥「術」の部首は「ぎょうにんべん」ではないことに注意しよう。

(2)①は「にんべん」が共通し、それぞれ「休」「仮」「似」「億」「佐」となる。②は「うかんむり」が共通し、それぞれ「安」「守」「容」「客」「察」となる。

ベンチ

16〜17ページ　Step 1

❶ (1)例「僕」がヘルガという名前をまだ知らなかったから。

(2)宝物　(3)ウ　(4)ア　(5)a名前　b会えなく　(6)イ

—考え方—

❶ (1)あとの段落で「ヘルガって名前だった」と紹介《しょうかい》していることをつかむ。この時点では、まだ名前を知らなかったことを説明する。

(4)直前に「もっときれいになるんだ！」と興奮ぎみに語っていることに着目。「僕」はヘルガに恋《こい》をして、夢に見るほど夢中になっていることを表している。

(5)直前に「それ以外のことは、なんにも知らなかった」とあることに着目。「それ」が指すのは「フリードリヒ＝シュナイダー」という「僕」の名前。また、直後に「話したら、もう会えなくなるもの」とあることにも着目。

(6)「かすめ取ってやる」と思っていたのに、ヘルガにりんごをもらうと、食べずにとっておいている。〜〜線B直後に「思い出にね」とあることに着目すると、出会いの記念として食べずに取っておこうという「僕」の恋心が読み取れる。

ベンチ

18〜19ページ Step 2

❶ (1) 例 緑のベンチに座らなくてもすむような言い訳。
(2) 例 緑のベンチに腰を下ろす勇気がなかったから。
(3) ユダヤ人
(4) もぞもぞしてた
(5) 人種差別
(6) 例「僕」がユダヤ人であることなど、なんでもないことだという考え方。

❷ ①我慢 ②爪 ③倒 ④休暇

—考え方—

❶ (1)「ヘルガが腰《こし》を下ろしたいと言いだした」ことに対して、それを断る言い訳である。
(2) 直後に「腰を下ろす勇気はなかったから」と、理由が説明されている。「そのベンチ」が「緑のベンチ」を指すことを明らかにして、解答をまとめる。
(3) 緑のベンチに座《すわ》らないでいたら、自分がユダヤ人だと知られてしまうのである。
(4)「気が気でない」は心配で落ち着いていられないこと。落ち着きを失った様子を捉《とら》える。
(5)「僕《ぼく》」が苦しむのは、ユダヤ人に対する差別である。この文章には、人種差別による不幸、理不尽《りふじん》さが描《えが》かれている。
(6) ヘルガは「僕」がユダヤ人だと気づいて、黄色いベンチのほうが落ち着くのかと尋《たず》ねる。しかし、ヘルガは「なんでもないこと」のようにそれを捉えている。

全ては編集されている

20〜21ページ Step 1

❶ (1) aテロップ bカット
(2) aおもしろく b視聴者
(3) ア
(4) 例 卒業式が行われました。
(5) ウ

—考え方—

❶ (3) デスクは、順番は逆にしたが、まちがいではない原稿《げんこう》にした。そのことに対して、筆者は感心したといっている。
(4)「これ」とは、先に見せることにした「消防技術の披露《ひろう》」のこと。それに先立って行われたのは、卒業式である。
(5) 文章では、消防学校の卒業式のあとに消防技術の披露があったというできごとの順番を逆にして、ニュースとして放送したという例を挙げている。ニュースでは、できごとの順番を逆にすることがあるという例である。

漢字の広場2 画数と活字の字体

22〜23ページ Step 2

❶ ①にお ②とつぜん ③ふくろ ④ようちえん ⑤いなか ⑥あいさつ ⑦だま ⑧うば ⑨お ⑩ひざ ⑪の ⑫しか ⑬じょう ⑭びん ⑮かっとう

❷ ①僕 ②郊外 ③網 ④眺 ⑤鍋 ⑥玄関 ⑦恥 ⑧腰 ⑨恐 ⑩索引 ⑪抑制 ⑫狩猟 ⑬亀裂 ⑭廊下 ⑮掃除

❸ (1) ①十 ②五 ③十二 ④七 ⑤七 ⑥八 ⑦十二 ⑧十三 ⑨七 ⑩十一 ⑪十一
(2) エ→ウ→イ→ア
(3) ①七 ②十三

(4) ア
❹ (1) ①イ　②ウ　③ア
(2) イ

―考え方―

❸ (1) 筆順に注意して、ふだんから正しい画数で書くようにしよう。特に、活字では、画数が違うように見えるものに注意する。⑤「批」の「比」の部分は四画。五画と間違えやすいので注意する。
(2) 「劇」は十五画、「裏」は十三画、「階」は十二画、「郷」は十一画。
(3) ①の「己」の部分や②の「阝」の部分の画数に気をつける。
(4) 「詣」は十三画、他は十一画。
❹ (1) ①画の太さが全て同じなので、ゴシック体。②手書きに似た字なので、教科書体。③縦画が太く、横画が細いので、明朝体《みんちょう》。
(2) 明朝体は、読みやすくデザインされていて、本や新聞などで広く使われているので、イが正解。アは教科書体、ウはゴシック体の説明。

「エシカル」に生きよう

24〜25ページ Step❶

❶ (1) a 九〇　b 殺虫剤　c 劣悪な労働
(2) ①人や地球環境　②エシカル消費
(3) ①ア　②貧困・人権・気候変動（順不同）

―考え方―

❶ (2) ①「この現状」が指すのは、第一・二段落の内容。しかし、空欄《くうらん》にあてはまる言葉はこの部分にはない。あとの「エシカル消費」に関する説明に「人や地球環境《かんきょう》の犠牲《ぎせい》の上に立っていない製品を購《こう》入《にゅう》する」とある。つまり、現状では、人や地球環境の犠牲の上に製品が成り立っているということである。
②筆者は、消費者にこそ変化を起こす一端《いったん》を担《にな》う力があると述べ、「エシカル」という考え方を紹介《しょうかい》している。
(3) ①――線③の直後に着目する。製品の過去、現在、未来とは何のことか説明している。

森には魔法《まほう》つかいがいる

26〜27ページ Step❶

❶ (1) a 赤潮　b 渦鞭毛藻
(2) イ
(3) ア
(4) ①ウ
②森は海の恋人

―考え方―

❶ (3) 直前に「生き物の気配が感じられません」とある。また、『沈黙《ちんもく》の春』の内容を紹介《しょうかい》している部分で「農地から生き物が姿を消し」とある。生き物がいなくなるという共通点がある。
(4) ①文章の中で、筆者は、山が荒《あ》れたことで、大雨が降ると海に泥《どろ》水《みず》が流れてくるのだと述べている。山の状況《じょうきょう》が川を通して、海に影響《えいきょう》を与《あた》えているのである。
②最後の段落に「森は海の恋人《こいびと》」という植樹活動を始めたことが述べられている。

森には魔法《まほう》つかいがいる

28〜29ページ Step❷

❶ (1) 呼吸
(2) ・例 光合成をする葉緑素を作るとき。
・例 肥料の中の窒素やリン酸などを取り込むとき。（順不同）
(3) 例 植物の成長に必要な鉄は、水に溶けて酸素と出会うと沈むため、海に鉄が少なくなるから。
(4) ①フルボ酸鉄
②魔法つかい
(5) 例 腐葉土で生まれたフルボ酸が、岩石や土に含まれる鉄と結びつき、フルボ酸鉄となり、川を流れ、海中に浮遊することで、植物プランクトンが育つようになるということ。
❷ ①江 ②泥 ③壊 ④粒

―考え方―

❶(1) 第四段落で、鉄を含《ふく》む赤血球が酸素を体のすみずみまで運び、不要な二酸化炭素を肺から放出するというはたらきが説明されて、これが呼吸の仕組みだと述べられている。
(2) 第七段落の「鉄が必要なのだそうです」、第八段落の「鉄の助けが不可欠です」という部分に着目する。
(3) ――線③と同じ段落の内容をまとめる。
(4) ①松永先生の発言に、フルボ酸鉄は、「海中に浮遊《ふゆう》する」とあることに着目する。
②最後に「魔法《まほう》つかいの正体は、『フルボ酸鉄』だったのです」とある。
(5) 「腐葉土《ふようど》」は、フルボ酸の説明の中に出てくる。「岩石や土」は、鉄の説明の中に出てくる。森と海をつなぐメカニズムの説明を求められているので、フルボ酸鉄が海に流れていき、その鉄によって植物プランクトンが育つということを説明する。「森林の腐葉土でフルボ酸が生まれ、岩石や土の中の鉄と結びつき、フルボ酸鉄となり、海中で植物プランクトンに取り込《こ》まれるということ。」などでも正解。

文法の小窓2　文の成分

30～31ページ　Step 2

❶ ①まほう ②どろ ③おおつぶ ④はかい ⑤つい
⑥うちゅう ⑦なぞ ⑧しょみん ⑨とら
⑩こうきょうがく ⑪ほ ⑫さけ ⑬さつき ⑭たちのく
⑮やまと
❷ ①江 ②先輩 ③本棚 ④並 ⑤困難 ⑥伴 ⑦漫画
⑧保護 ⑨扉 ⑩開閉 ⑪普通 ⑫報酬 ⑬握手 ⑭慌
⑮注釈
❸ (1) ①オ ②ウ ③イ ④エ ⑤ア
(2) ①イ ②ア ③オ ④エ ⑤ウ

―考え方―

❸(1) ①「おはよう」など、挨拶の言葉は独立語。②は、「テストだね」を修飾《しゅうしょく》するので修飾語。③は、「何だ」にあたるので述語。④の「～ので・～ため・～から」など、原因・理由を述べる文節は接続語。⑤は、「何が」にあたるので主語。
(2) ③「鳴いて／いる」など、「～て／いる（くる・ある・ない）」などの形は、補助の関係。④並立《へいりつ》の関係では、「電車か／バスで」と言葉を入れ替《か》えられる。

昔話と古典――箱に入った桃太郎《ももたろう》――

32～33ページ　Step 1

❶(1) ①ア ②明治時代以降 ③a子どもたち　b釣り
(2) 江島が磯
(3) ア

―考え方―

❶(1) ③直後の文から、現在の「浦島太郎《うらしまたろう》」の内容がわかる。「子どもたちにいじめられている亀を浦島太郎が助ける」話である。江戸時代の「浦島太郎」には、「亀を一匹《びき》釣《つ》り上げました」とある。
(2) 「江島《えじま》が磯《いそ》で、亀を一匹釣り上げました」とある。

(3) 江戸時代の「浦島太郎」も現在の「浦島太郎」も、亀を助けて、恩返しをしてもらう、という内容は変わっていない。このことから、昔も現在も、動物を助けることをよいこととする考え方は変わっていないといえる。

昔話と古典──箱に入った桃太郎《ももたろう》──

34〜35ページ Step 2

❶ (1) 例 川を流れてきた香箱に入っていた桃が二つに割れて誕生する。
(2) 例 時代や地域によって異なって記録されていること。
(3) 例 子どもにいじめられている亀を助けることで出会う。
(4) イ
(5) 例 昔話には、いつの時代にも変わらず好まれた要素と時代や地域の社会や生活が反映された部分が含まれていること。

❷ ①寝 ②割 ③奈良 ④収

考え方

❶ (1) 紹介《しょうかい》されている山形県に伝わる「桃太郎《ももたろう》」を短くまとめる。
(2) 文章の最初に「時代や地域によって少しずつ異なって記録されています」とあり、その例として、「桃太郎」が挙げられている。「浦島太郎《うらしまたろう》」も、時代や地域によって少しずつ異なって記録されている例として挙げられているのである。
(3) 江戸時代の「浦島太郎」は、「子どもたちにいじめられている亀を浦島太郎が助けるというものではありません」とあるので、現在の「浦島太郎」は、子どもたちにいじめられている亀を浦島太郎が助ける話であることがわかる。
(4) 江戸時代の「浦島太郎」は、魚を捕《と》って両親を養っている浦島太郎が、釣《つ》り上げた亀を、長生きなのにここで命を絶つのはかわいそうという理由で、「いつもこの恩を思い出すのだぞ」と言って、海に帰すというものである。
(5) 「それら」なので、一つではなく、二つ以上を指している。直前の二文が「その一方で」という言葉でつながっていることに着目する。「その一方で」の前後の部分が「それら」の指す内容である。

物語の始まり──竹取《たけとり》物語──

36〜37ページ Step 1

❶ (1) さぬきの造
(2) 分け入って
(3) かわいらしい姿で座っている
(4) 三月ばかり
(5) あいたたかわん
(6) ①この衣着つる人 ②イ
(7) ウ

考え方

❶ (3) 「うつくし」が「かわいらしい」、「ゐる」が「座《すわ》っている」という意味であることに注意する。
(4) どのように成長したかに着目する。「三月《みつき》ばかりになるほどに、よきほどなる人になりぬれば」とある。三か月ほどで大人の大きさまで成長したのである。
(5) 語中・語尾《ごび》の「はひふへほ」は「ワイウエオ」になる。また、「戦はむ」の「む」は、「ン」とする。
(6) ① 直後の「この衣《きぬ》」が「天《あま》の羽衣《はごろも》」を指すことに着目する。
② 天の羽衣を着せられた人なので、かぐや姫《ひめ》である。
(7) 竹取の翁《おきな》が見つけたのは、三寸（約九センチメートル）の人で、その人が三か月ほどで大人に成長したので、アは誤り。また、空から雲に乗って下りてきた人の服装は、ここでは特に書かれていないので、イは誤り。五尺というのは天人の立っている場所が、土から五尺（約百五十センチメートル）ほど上がったところだということである。

物語の始まり――竹取《たけとり》物語――

38〜39ページ　Step 2

❶ (1) 今は昔
(2) 三寸ばかりなる人
(3) ① 例 三か月くらい。
② 例 髪上げの祝いなどをあれこれして髪を上げさせ、裳を着せた。
(4) イ
(5) 例 天人がかぐや姫に天の羽衣を着せたから。

❷ ① 結婚　② 誰　③ 迎　④ 大胆

―考え方―

❶ (1) 「今は昔」は決まり文句。「今ではもう昔のことであるが」という意味。
(2) 「三寸ばかりなる人」が「ゐたり（座《すわ》っている）」のである。「が」にあたる言葉を自分で補う。
(3) ①「よきほどなる人（一人前の大きさの人）」に着目。
②「髪《かみ》上げなどとかくして髪上げさせ、裳着《もき》す」の内容をまとめる。「髪上げ」は長くなった髪を結《ゆ》い上げる儀式《ぎしき》。
(4) 「あひ戦はむ心もなかりけり」とあるので、戦う気持ちがなくなってしまったのである。
(5) 「ふと天《あま》の羽衣《はごろも》うち着せたてまつりつれば」の内容をまとめる。

故事成語――中国の名言――

40〜41ページ　Step 1

❶ (1) 盾
(2) ア
(3) できなかった
(4) つじつま
(5) イ
(6) 例 畑（苗のある場所）
(7) ウ

―考え方―

❶ (3) 文章の最後の部分なので、現代語訳の最後の部分に着目する。
(4) 「矛盾《むじゅん》」は、前後で言っていることが整合せず、論理のつじつまが合わないことを表す。
(5) 直前に「苗《なへ》の長《ちやう》ぜざるを」とある。この部分の現代語訳を確認する。
(6) 苗が枯《か》れているのを発見したところなので、畑。「苗のある畑」や「苗を植えた場所」などでも正解。
(7) 「苗を助けて伸《の》ばしてやった」という言葉を聞いて、息子《むすこ》が走って畑に行くと、苗が枯れていたという内容なので、「苗を助けて伸ばしてやった」ことが枯れた理由。具体的には、苗を引っ張ったのである。

蜘蛛《くも》の糸

42〜43ページ　Step 1

❶ (1) 血の池・針の山（順不同）
(2) 例 地獄から抜け出せる
(3) イ
(4) 蟻の行列
(5) ア
(6) エ

―考え方―

❶ (1) 第二段落に、「血の池」「針の山」が挙げられている。
(3) 「自分一人でさえ切れそうな、……堪《た》えることができましょう」とあるように、犍陀多《かんだた》は、罪人たちが上り続ければ糸は切れてしまうと思ったのである。

(5) 犍陀多が、罪人たちに「下りろ。下りろ。」と言ったとたんに蜘《く》蛛《も》の糸は切れてしまう。自分だけ助かろうとするあさましさが、糸の切れた原因になっている。

(6) お釈《しゃ》迦《か》様《さま》も犍陀多も登場人物であって、語り手ではない。

河童《かっぱ》と蛙《かえる》

44～45ページ Step 1

❶ (1) 六

(2) 唄

(3) 例 河童の頭の皿に月が映っている。

(4) ア

(5) 例 沼の底に沈んだ。

(6) 例 水面が静かになったこと。

(7) ウ

考え方

❶ (2) 第八連に「もうその唄《うた》もきこえない。」とある。踊《おど》って水をじゃぶじゃぶしている音ではないことに注意。

(3) 河童《かっぱ》の頭の皿が水にぬれていることを想像する。そこに月が映って、きらきらとしている様子を表している。

(5) 第八連に「沼《ぬま》の底から泡《あわ》がいくつかあがってきた。」とあるので、河童が水の中にいることがわかる。

(6) 水に映る月が動かなくなったということは、水面が静かになったということである。

(7) 「山は息をのみ」と同様、ここでも「月」を人に見立てて表現している。

オツベルと象

46～47ページ Step 1

❶ (1) A 象（白象）　B ぎょっとした

(2) エ

(3) ⓓ

(4) A 砂　B 夕立かあられのように

(5) 例 自分の策略（＝象を手に入れようとする悪だくみ）が象に知られて、危ないめにあうかもしれないと思ったから。

(6) イ

考え方

❶ (1) オツベルも象に驚いていたのだが、象をだまして利用するために、なんでもないというふうをよそおっていたのである。

(4) 象は「砂が私の歯に当たる」と言っている。また、もみが当たる様子を、「夕立かあられのように」と表現している。

(5) オツベルが「ずうっとこっちにいたらどうだい。」と言ったのは、象を手に入れて利用するためである。その策略が象に知られたらと思ったのである。

(6) アは「勇敢《ゆうかん》なオツベル」、ウは「お互いに警戒《けいかい》」、エは「怖《こわ》がっている人間の姿を見て、楽しんでいる」が誤り。

オツベルと象

48～49ページ Step 2

❶ (1) イ

(2) ウ

(3) 張り子

(4) 五百キロ

(5) 例 象が森へ行って帰ってこないつもりなのではないかと思った

から。

(6) 例 鎖と分銅をつけて、象が自由に動き回れないようにするため。

❷ ①薄　②雑巾　③忙　④励

考え方

❶ (1) オツベルは象に、重い鎖《くさり》と分銅をつけようとしている。「しかめる」とは、顔や額にしわを寄せること。ここでは自分の企《くわだ》てがばれないように話しかけていることを捉える。

(2) 歩数が減っていることから、だんだんと自由が奪《うば》われていることを読み取る。

(3) やくざな紙で作られたものは、象に履《は》かせた靴《くつ》である。「赤い張り子の大きな靴」と表現されていることを捉える。

(4) 鎖が百キロ、分銅が四百キロで、合わせて五百キロの重さがあった。

(5) オツベルは、象の言葉を聞いてぎょっとしたが、象が愉快《ゆかい》そうに歩いていくのをみて、安心している。「森へ行くのは大好き」と聞いて、帰ってこないつもりなのかと思ったが、愉快そうなので、そのつもりはなさそうだと安心したのである。

(6) 時計は鎖をつけるため、靴は分銅をつけるために、象に与えている。鎖も分銅もとても重く、(2)で確認したように、自由に動けなくするものである。

言葉の小窓2　日本語の文字

50～51ページ　Step 2

❶ ①むじゅん　②するど　③なえ　④おお　⑤しず　⑥かんじん　⑦へんぼう　⑧さばく　⑨たいくつ　⑩しば　⑪や　⑫ついとう　⑬まゆ　⑭ひろう　⑮ねんざ

❷ ①渡　②疲　③報　④浮　⑤罰　⑥猫　⑦書斎　⑧泡　⑨雑巾　⑩忙　⑪愉快　⑫純粋　⑬翼　⑭蜂蜜　⑮幽霊

❸ (1) ア・ウ（順不同）

(2) ①mu　②ro　③ga　④kyu

(3) ①あ　②ま　③つ　④も

(4) ①ヒ　②ヨ　③ケ　④ホ

❹ (1) ア

(2) ①ウ　②イ　③ア

考え方

❸ (1) 楷書《かいしょ》は、一画一画をはっきりと書く書体。ア・ウが正解。イは明朝体。エとオはゴシック体。

(2) ローマ字は子音《しいん》を表す字と母音を表す字を組み合わせる。

(3) 平仮名は、漢字の行書や草書をもとに作られたもの。それぞれの行書は①「安」、②「末」、③「川」、④「毛」。

(4) 片仮名は、漢字の一部分を切り取るようにしてできたもの。

❹ (1) 音《おん》と意味を表すのが表意文字。

(2) ③漢字の読みを借りて、日本語の音を表したものは、『万葉集《まんようしゅう》』に多く用いられていることから、万葉仮名という。

子どもの権利

52～53ページ　Step 1

❶ (1) 子どもは心

(2) 特別の保護

(3) ①生きる権利・成長する権利・暴力から守られる権利・教育を受ける権利（順不同）　②親・国（順不同）

(4) ウ

(5) イ

(6) 子どもの権～視するため

考え方

❶ (2)「大人から守られ助けられること」は子どもにとって必要なことであることをふまえて、第3段落を見ると、「子どもには大人とは異なる特別の保護が必要です」とある。

(3)(4) ②第3段落の「子どもの権利を守るのは、……」以降に着目する。第3段落で、子どもには、生きる権利、成長する権利、暴力から守られる権利、教育を受ける権利があると述べられているが、第4段落の例は、どれも過酷《かこく》な状況《じょうきょう》に置かれている子どもであり、子どもの権利が守られていない例である。

(5)「後を絶たない」は、「次々に起こってなくならない」という意味の慣用句である。

(6) 第5段落に着目する。「子どもの権利条約が守られているかを監《かん》視《し》するため」とある。

子どもの権利

54〜55ページ Step 2

❶ (1) 例 子どもの権利条約が守られていない現実。

(2) ①親による養〜という問題 ②全ての子ど〜るとの観点

(3) 例 子どもが施設から出て、里親や養親による養育を受けられるようにすること。

(4) ① 例 子どもは心身ともに未熟だから、大人の言うとおりにするべきだという見方。

② 例 確かに子どもには特別の保護が必要だが、人権があるのだから、大人の言いなりにならなければならないわけではない。

❷ ①虐待 ②奪 ③含 ④異

考え方

❶ (1) 前の段落の内容を指しているが、二十字でまとめなければならない。——線①の直後に、「子どもの権利条約が守られているかを監《かん》視《し》するために……」とある。つまり、前の段落の内容は、「子どもの権利条約が守られていない現実」であることがわかる。「子どもの権利条約が守られていない現実。」でも正解。

(2) モンテネグロの「問題」「観点」を聞かれているので、その言葉を文章から探す。

(3) モンテネグロの問題は、子どもが大勢施設《しせつ》に入っていることだった。それに対して、子どもの権利委員会が改善を勧告《かんこく》したことで、モンテネグロ政府は、「子どもが施設から出て、里親や養親による養育を受けられるよう」取り組んだ。さらに、「脱《だっ》施設化を達成するために」努力する、と述べている。以上をふまえると、「脱施設化」とは、子どもが施設から出られるようにすることだということがわかる。

(4) ①直前の段落の「支配的な考え方」の内容と同じであることを押さえる。

②文章で書かれていたことは、子どもにも人権がある、ということで、虐待《ぎゃくたい》、いじめ、紛争《ふんそう》やテロによる犠牲《ぎせい》、少年兵、強制的な結婚、児童労働などは、子どもの権利を侵害《しんがい》しているということだった。以上のことをふまえると、「子どもは大人の言うとおりにするべきだ」という考えに対して、「子どもにも人権があるので、必ずしも大人の言うとおりにしなくてもよい」という反論が考えられる。「子どもにも大人同様に人権があるので、理不尽《りふじん》なことには従う必要はない」などでも正解。

漢字の広場3　漢字の音と訓

56〜57ページ Step 2

❶ ①だっしゅ ②じゃぐち ③かんめい ④かたすみ ⑤さいやく ⑥じょうまえ ⑦ちゃがま ⑧うす ⑨ふんぜん ⑩きばん ⑪けいたい ⑫じょうかく ⑬しんらつ ⑭さいしょう ⑮ひゆ

❷ ①影絵 ②盆栽 ③曇 ④逃 ⑤滝 ⑥抑揚 ⑦柔軟 ⑧傑作 ⑨分析 ⑩果敢 ⑪狭 ⑫肥沃 ⑬累積 ⑭妥協 ⑮音沙汰

❸ (1) ①ア ②ア ③イ ④イ ⑤ア ⑥イ ⑦ア ⑧ア
(2) ①エ ②ア ③ウ ④ウ ⑤ア ⑥イ ⑦エ ⑧イ
(3) ア・ウ・エ・カ（順不同）

❹ (1) ①ひとめ ②いちもく
(2) ①せすじ ②はいきん ③かんき ④さむけ ⑤きんせい ⑥きんぼし

—考え方—

❸ 一字ごとに漢字が音か訓かを考えるとよい。国字とは、日本で作られた漢字のこと。

❹ (1) ②「一目置く」とは、相手が優れていることを認めるということ。
(2) 一字ずつ、漢字の音と訓を確認して読む。⑥「きんぼし」は、大きな成果を上げることを表す。

言葉がつなぐ世界遺産 58〜59ページ Step❶

❶ (1) 驚いた
(2) 建造物を修復し保存するため
(3) 修復記録の蓄積
(4) 見取り図
(5) 例えば、色
(6) ア
(7) イ

—考え方—

❶ (1)「舌を巻く」は、驚く、感心する、という意味の慣用句である。社寺や景観がすばらしかっただけではなく、建造物を修復し保存するための方法もすばらしいものだったのである。

(4) ——線④の直後に、「見取り図と呼ばれるものである」とある。本文内容から、「畳一畳《たたみいちじょう》ほどの大きさの和紙」とは、——線③の直前部分より「修復記録の蓄積《ちくせき》」の一部であることがわかるが、問題文では、一語（一単語）と指示があるので、「見取り図」という模範《もはん》解答が、ふさわしいものになる。

(5) 設問に「具体的に紹介《しょうかい》している」とある点に注意する。また、あとに続く文では、「連続する二文」とあるので、「見取り図」からわかる具体的な技法を本文中から探し出す。まず、本文の後半の浅尾《あさお》さんの発言に、「見取り図」に書き記された情報から考えられる技法について触《ふ》れている内容があることがわかる。さらに、発言の中に「例えば」とあることから、以下では技法について「具体的に紹介している」部分であると捉えることができる。

(6) 浅尾さんの発言の中に「この絵だけですと、平面的な彩色《さいしき》なのか、置き上げなのかわからないわけです」とある。また、——線⑤の前後に「確かに、彫刻《ちょうこく》の絵を正確に描《えが》くことで、形や色は描《か》き留めることができる。しかし、細かな技法や微妙《びみょう》な色合いなどの表現方法は、絵だけで完全に伝えることは難しい」とある。

(7) 本文に「書き記された情報に従えば、完全に元どおりのものを描くことができる」とあることから、イが正解だとわかる。アについては、「世界遺産登録に反対していた」という表現が誤り。ウについては、本文冒頭《ぼうとう》で「世界遺産登録に先立つ……」とあるので、現在は登録されていることがわかる。

言葉がつなぐ世界遺産 60〜61ページ Step❷

❶ (1) a微妙 b色彩 c溶き方 d塗る
(2) 自分の肌でつかんで
(3) 長い技術伝承の鎖
(4) 例 昔の人たちの意気ごみを背負って仕事をすることに対するう

れしい思い。
(5) ウ
(6) 例 絵や文字で記録を残すとともに、直接言葉で語って行われてきた。

❷ ① 迫力 ② 鉄塔 ③ 豪華 ④ 詳

考え方

❶ (1) 前の部分に着目して、具体的な技術の内容を読み取る。
(2) 直前の手塚《てづか》さんの会話に着目する。技術を習得することを意味する表現を捉える。
(3) 技術伝承をする職人が連なる様子を「鎖」にたとえている。
(4) 澤田《さわだ》さんが、「昔の人たちの意気ごみを背負って仕事をしている」ことを「本当にうれしい」と言っていることに着目する。
(5) 技術伝承を行う師弟《してい》の会話を引用している。実際に関わる人の会話を入れると、文章の内容に真実味が増し、説得力が出る。
(6) 前の文に、「職人たちは、……技法や技術などを伝えてきた」とある。

地域から世界へ――ものづくりで未来を変える――

62~63ページ Step 1

❶ (1) 高い技術を・産業として (順不同)
(2) ① 有松・鳴海~開発や宣伝
② ・例 絞りに使う素材を見直すこと。
・例 絞りの技法を工夫すること。(順不同)
(3) ア
(4) ウ
(5) a ファッション界 b 絞りの研修

考え方

❶ (2) ②――線②の直後の部分と次の段落に書かれている。
(3) 直前に「海外での評価に手応えを感じ」とあることに着目。海外で認められたことに対する誇りである。
(4) 「発想の転換」なので、今までしていなかったことをあえてする、ということ。アの新しい素材を使うことやイのあえてしわを残した製品を作ることなどがそれにあたる。ウの海外に認められようと、海外に会社を作るのは、「発想の転換」ではない。
(5) 第二段落に、今まで使っていなかった素材を使っていろいろな製品を作った結果、「世界のファッション界でも注目され、需要《じゅよう》の拡大につながり」とある。また、第四段落に、「海外からも、絞《しぼ》りの研修を志願する多くの人が集まってきた」とある。

文法の小窓3 単語のいろいろ/漢字の広場4 熟語の構成

64~65ページ Step 2

❶ ① そうしょく ② けいだい ③ しんさ ④ たよ ⑤ せんさい
⑥ ぶたい ⑦ しゅっか ⑧ どうくつ ⑨ ぜひ ⑩ ゆううつ
⑪ しぶ ⑫ かいそう ⑬ しんちょく ⑭ こふん ⑮ ていたく

❷ ① 湿気 ② 彫刻 ③ 鮮 ④ 描 ⑤ 濃 ⑥ 雷鳴 ⑦ 拍手
⑧ 訂正 ⑨ 壮大 ⑩ 不朽 ⑪ 桃 ⑫ 措置 ⑬ 症状 ⑭ 潤
⑮ 浸

❸ (1) ① ア ② ア ③ イ ④ ア ⑤ イ ⑥ ア
(2) ① エ ② ウ ③ ケ ④ イ ⑤ ク ⑥ コ ⑦ オ ⑧ キ ⑨ カ
⑩ ア

❹ (1) ① イ ② オ ③ ア ④ エ ⑤ キ ⑥ ウ ⑦ カ ⑧ オ

考え方

❸ (1) 自立語は必ず文節の頭にくるが、付属語はこない。
(2) 言い切りの形が、動詞はウ段の音、形容詞は「い」、形容動詞は「だ・です」で終わる。② 「立派な」の言い切りの形は「立派だ」なので、形容動詞。

❹ ① 「温かい↓水」、② 「明」↑↓「暗」、③ 「県が営む」、④ 「永い」=「久しい」、⑤ 「~的」、⑥ 「乗る↑車に」、⑦ 「不~」、⑧ 「増す」↑↓「減る」

の構成。

四季の詩

66〜67ページ　Step ❶

❶ (1) イ
(2) aア　bア　cウ
(3) しぜんと
(4) a 例 はかなさ（終わり・短さ）
b 例 懸命（必死）
(5) 例 静かに降り続けて積もっていく

—考え方—

❶ (1) 海峡《かいきょう》を渡るのは、ちょうにとって大変な行動だと感じさせる。
(4) 「いま　ないておかなければ／もう駄目《だめ》だ」とは、今しか鳴くときがない、つまり、もうじき死んでしまうということ。作者は、虫のいる季節が過ぎ去ろうとしているなか、しきりに鳴いている虫の声を耳にして、虫が自分の命のはかなさを悟って、懸命に鳴いているように感じ取ったのである。
(5) 「ふりつむ」は「降り積む」と書き、降り積もるの意味。雪の降る静かな夜に、太郎も次郎も眠っている情景が連想される。雪だけが静かに降り積もっていくイメージである。

少年の日の思い出

68〜69ページ　Step ❶

❶ (1) ①チョウチョ集め　②僕にそれを
(2) 宝を探す人
(3) 貪るような
(4) aボール紙の箱　b　キルク
(5) ウ

—考え方—

❶ (1) ②チョウチョ集めのとりこになった「僕」は、「他のことはすっかりすっぽかしてしまったので、みんなは何度も、僕にそれをやめさせなければなるまい、と考えた」とある。
(2) たとえた表現には、「まるで〜のよう」などの言葉が使われることが多い。そのような表現を探す。
(3) 「あの熱情」を感じるとき、「僕」は、「貪《むさぼ》るような、うっとりした感じに襲《おそ》われる」とある。
(5) アについて、チョウの様子は詳しく書かれているが、そのことと「僕」の知識の多さとはつながらないので、不適。イについて、チョウチョ集めは当時の「はやり」だったとあり、チョウへの熱情は特に風変わりなことではないので、不適。ウについて、チョウの模様などの描写は視覚についての描写であり、「強くにおう乾《かわ》いた荒野《こうや》」とあるように嗅覚についての描写もある。そのような詳しい描写は、「僕」がそれほどチョウに熱中し、集中していることがわかる。

少年の日の思い出

70〜71ページ　Step ❷

❶ (1) 例 羽が壊れ、触角がなくなっている状態。
(2) 軽蔑
(3) 例 チョウへの思いを否定されて、プライドが傷つけられたから。
(4) 一度起き〜いうこと
(5) 例 自分が犯したあやまちに自分で罰を下さなければならないと思ったから。

❷ ①挿入　②鑑賞　③優雅　④忍者

—考え方—

❶ (1) ——線①のあとで、「僕」はエーミールにヤママユガの様子を見せてくれと頼む。エーミールがろうそくの火で照らした展翅《てんし》板の上には、「僕」が「だいなし」にしたヤママユガが載っていた。エーミールが「繕《つくろ》うために努力した跡《あと》」は認められるものの、そのヤママユガは羽が壊れ、触角《しょっかく》もなくなっていた。

(2) あとに「彼は冷淡《れいたん》にかまえ、依然《いぜん》僕をただ軽蔑《けいべつ》的に見つめていた」とある。「冷淡して」とはいわない。

(3) エーミールは、「僕」が誤って潰《つぶ》したチョウを見て、「君がチョウをどんなに取り扱《あつか》っているか、ということを見ることができた」と皮肉を言った。「僕」は、チョウへの思いを否定するこの言葉に腹を立てたのである。

(4) 謝罪を受け入れてもらえないということは、償《つぐな》いができないということである。

(5) エーミールに償いができなかったので、自分自身で罰を下したのである。

言葉の小窓3　方言と共通語

72ページ　Step 2

❶ ①ゆうぎ　②はんてん　③しょっかく　④は　⑤ねた
⑥うらや　⑦いぜん　⑧けいべつ　⑨ののし　⑩戒　⑪患者
⑫撤回　⑬獣医　⑭澄　⑮海原

❷ (1) aイ　bオ　cエ　dア　eウ

—考え方—

❷ (1) 地域、団体や世代などによって違いがみられる言葉を方言という。話す相手や場面によって、方言と共通語を使い分けることが一般《いっぱん》的である。

テスト前 ☑ やることチェック表

① まずはテストの目標をたてよう。頑張ったら達成できそうなちょっと上のレベルを目指そう。
② 次にやることを書こう（「ズバリ英語○ページ，数学○ページ」など）。
③ やり終えたら□に✔を入れよう。
最初に完ぺきな計画をたてる必要はなく，まずは数日分の計画をつくって，
その後追加・修正していっても良いね。

目標

	日付	やること 1	やること 2
2週間前	／	□	□
	／	□	□
	／	□	□
	／	□	□
	／	□	□
	／	□	□
	／	□	□
1週間前	／	□	□
	／	□	□
	／	□	□
	／	□	□
	／	□	□
	／	□	□
	／	□	□
テスト期間	／	□	□
	／	□	□
	／	□	□
	／	□	□
	／	□	□

QRコードのページに登録すると，「ぴたリンク」からも表をダウンロードできるよ

テスト前 ✓ やることチェック表

① まずはテストの目標をたてよう。頑張ったら達成できそうなちょっと上のレベルを目指そう。
② 次にやることを書こう（「ズバリ英語〇ページ，数学〇ページ」など）。
③ やり終えたら□に✓を入れよう。
最初に完ぺきな計画をたてる必要はなく，まずは数日分の計画をつくって，
その後追加・修正していっても良いね。

目標

	日付	やること 1	やること 2
2週間前	/	□	□
	/	□	□
	/	□	□
	/	□	□
	/	□	□
	/	□	□
	/	□	□
1週間前	/	□	□
	/	□	□
	/	□	□
	/	□	□
	/	□	□
	/	□	□
	/	□	□
テスト期間	/	□	□
	/	□	□
	/	□	□
	/	□	□
	/	□	□

キリトリ線

国語1年 教育出版版

QRコードのページに登録すると，「ぴたリンク」からも表をダウンロードできるよ

ズバリよくでる

直前 チェックBOOK

漢字の読み書き・文法重要事項に完全対応!

国語

教育出版版

2年

赤シートで何度でも!

虹の足
教p.14~17

虹が出る。（にじ）
乾麺をゆでる。（かんめん）
犬を抱く。（だ）
頰を染める。（ほお）

タオル
教p.20~35

ねじを締める。（し）
遠い親戚。（しんせき）
ご愁傷さま。（しゅうしょう）
祭壇に飾る。（さいだん）
肩が凝《こ》る。（かた）
小石を蹴る。（け）
叔母に会う。（おば）
合掌する。（がっしょう）
焼香をあげる。（しょうこう）
居心地が良い。（いごこち）
宿に泊まる。（と）
別荘を買う。（べっそう）

厄介な問題。（やっかい）
自己紹介する。（しょうかい）
釣りをする。（つ）
一隻の漁船。（いっせき）
鉢植えを買う。（はち）
旬の魚。（しゅん）
酢を入れる。（す）
甘みがある。（あま）
祖父への献杯。（けんぱい）
封筒の中身。（ふうとう）
二十歳になる。（はたち）
棚卸しをする。（おろ）
壁《かべ》に掛ける。（か）
よい雰囲気。（ふんいき）
家業を継ぐ。（つ）
連絡する。（れんらく）
愚直な性格。（ぐちょく）
悔しい思い。（くや）
窓を拭く。（ふ）

テストでまちがえやすい漢字

風《ふ》呂に入る。（ろ）
怪しい様子。（あや）
棺桶《おけ》を運ぶ。（かん）
冥土の土産《みやげ》。（めいど）

漢字の広場1
教p.40~41

謙遜する。（けんそん）
嫌疑が晴れる。（けんぎ）
伸縮する素材。（しんしゅく）
紳士的な態度。（しんし）
経度と緯度。（いど）
賢明な判断。（けんめい）
考慮に入れる。（こうりょ）
堅実な方法。（けんじつ）
土塁を築く。（どるい）
体力の消耗。（しょうもう）
硝酸を使う。（しょうさん）
線路脇の側溝。（そっこう）
家を購入する。（こうにゅう）

重要な事柄。（ことがら）
座禅を組む。（ざぜん）
文明の発祥。（はっしょう）
長袖を着る。（ながそで）
シャツの襟。（えり）
鉄を鍛錬する。（たんれん）
食膳に上《のぼ》せる。（しょくぜん）
家屋の修繕。（しゅうぜん）
褐色の液体。（かっしょく）
喝采を浴びる。（かっさい）
阻止する。（そし）
租税の軽減。（そぜい）
粗品を配る。（そしな）
石を研磨する。（けんま）
貿易摩擦。（まさつ）
費用の節倹。（せっけん）

漢字の練習１ 教 p.43

仁王像。（におう）
公になる。（おおやけ）
石高が少ない（こくだか）
職に就く。（つ）
朗らかな人。（ほが）
一対の人形。（いっつい）
器に盛る。（うつわ）
小字の廃止。（こあざ）
気に病む。（や）
手綱を放す。（たづな）
戦が収まる。（いくさ）
計画を図る。（はか）
試合に臨む。（のぞ）
目頭を押さえる。（めがしら）
商いを行う。（あきな）
気分を損なう。（そこ）
お金が要る。（い）
氏神に祈《いの》る。（うじがみ）
軽やかな歩み。（かろ）
乳飲み子。（ち）
チョウの羽化。（うか）
引率する。（いんそつ）
鮮やかな弁舌。（べんぜつ）
若年労働者。（じゃくねん）
類似の商品。（るいじ）
知己と会う。（ちき）
制服の貸与。（たいよ）
明けの明星。（みょうじょう）

日本の花火の楽しみ 教 p.46〜53

欧米の文化。（おうべい）
花火の魅力。（みりょく）
りんごの芯。（しん）
破綻が起きる。（はたん）
上昇する。（じょうしょう）
深い余韻。（よいん）
誇りをもつ。（ほこ）

跡形もない。（あとかた）
琴線にふれる。（きんせん）

水の山　富士山　教 p.54～60

山の麓。（ふもと）
湧水をくむ。（ゆうすい）
限度を超える。（こ）
溶岩が流れる。（ようがん）
粘り気がある。（ねば）
巨大な岩山。（きょだい）

夢を跳ぶ　教 p.72～79

麻酔を打つ。（ますい）
怖い話をする。（こわ）
腫瘍の摘出《てきしゅつ》。（しゅよう）
五歳の子ども。（ごさい）
緊急の連絡。（きんきゅう）
縁がある人。（えん）
長距離を歩く。（きょり）

先輩に憧れる。（あこが）
母と娘。（むすめ）
強く抗議する。（こうぎ）
洗剤を使う。（せんざい）
けがの治療。（ちりょう）
自宅に戻る。（もど）
部屋に籠もる。（こ）
銭湯の脱衣場。（だつい）
繰り返す。（く）
公共施設。（しせつ）
力強い肢体。（したい）
疾走する姿。（しっそう）
刺激を受ける。（しげき）
挑戦する。（ちょうせん）
新記録を狙う。（ねら）
風船が膨らむ。（ふく）
福祉の充実。（ふくし）
高齢者を敬う。（こうれいしゃ）
国境を越える。（こ）

災難に遭う。（あ）
震動を感じる。（しんどう）
被害を受ける。（ひがい）

漢字の広場2　教 p.90～91

果汁を搾《しぼ》る。（かじゅう）
発汗を促《うなが》す。（はっかん）
物事の枠組み。（わく）
路面の凹凸。（おうとつ）
壁《かべ》が崩壊する。（ほうかい）
新技術の普及。（ふきゅう）
禁錮を科す。（きんこ）
串に刺す。（くし）
浦風が吹く。（うらかぜ）
岬の灯台。（みさき）
円弧を描く。（えんこ）
凡庸な作品。（ぼんよう）
基礎を築く。（きそ）
失踪する。（しっそう）

温厚《おんこう》篤実な人。（とくじつ）
貨幣《かへい》の鋳造。（ちゅうぞう）
嘱望される。（しょくぼう）
親子兼用の車。（けんよう）
国会の召集。（しょうしゅう）
勘定を済ます。（かんじょう）
隣接する建物。（りんせつ）
傘をさす。（かさ）
舶来の品。（はくらい）
私の長兄。（ちょうけい）
時間を割く。（さ）
無数の細胞。（さいぼう）
砲丸を投げる。（ほうがん）

紙の建築 教 p.104～113

暑さに耐える。（た）
阪神地方。（はんしん）
木を伐採する。（ばっさい）
避難訓練。（ひなん）

迅速な対応。（じんそく）
指摘する。（してき）

漢字の練習2 教 p.119

歌舞伎の鑑賞。（かぶき）
傲慢な態度。（ごうまん）
負債を抱える。（ふさい）
次世代の俊英。（しゅんえい）
仙境を目ざす。（せんきょう）
名僧の教え。（めいそう）
但し書きの例。（ただ）
敵陣《てきじん》の偵察。（ていさつ）
併せて述べる。（あわ）
年俸が上がる。（ねんぽう）
生涯《しょうがい》の伴侶。（はんりょ）
倫理を問う。（りんり）
婚姻届を出す。（こんいん）
嫉妬深い性格。（しっと）
如才がない。（じょさい）

良家のご令嬢。（れいじょう）
平氏《へいし》の嫡流。（ちゃくりゅう）
きれいな花嫁。（はなよめ）
野球の監督。（かんとく）
名簿を作る。（めいぼ）
完璧な仕事。（かんぺき）
稽古に励む。（けいこ）
本を返却する。（へんきゃく）
誓約を守る。（せいやく）
海の浅瀬。（あさせ）
浴槽を洗う。（よくそう）
派閥の対立。（はばつ）
話を了解する。（りょうかい）

敦盛の最期 ―平家物語― 教 p.122～131

貴族の没落。（ぼつらく）
鐘が鳴る。（かね）
双方の意見。（そうほう）

体が衰弱する。（すいじゃく）
国が滅びる。（ほろ）
円陣を組む。（えんじん）
化粧をする。（けしょう）
敵討ちをする。（かたきう）
騎馬戦で勝つ。（きば）
みごとな錦絵。（にしきえ）
発心する。（ほっしん）

随筆の味わい ──枕草子・徒然草── 教 p.132〜140

付随する問題。（ふずい）
枕もとの本。（まくら）
蛍が光る。（ほたる）
車が行き交う。（か）
霜が降りる。（しも）
侍従職に就く。（じじゅう）
尼寺に入る。（あまでら）
鎌倉時代。（かまくら）

厳かな雰囲気。（おごそ）

漢字の練習3 教 p.141

桁違いの能力。（けた）
僅差の試合。（きんさ）
模倣した作品。（もほう）
大雪の虞。（おそれ）
皮膚科の病院。（ひふ）
雪辱を果たす。（せつじょく）
肘を伸ばす。（ひじ）
豪華な宮殿。（きゅうでん）
奴隷制度。（どれい）
瓦屋根の家。（かわら）
尿素配合の薬。（にょうそ）
川が氾濫する。（はんらん）
藩の財政難。（はん）
蓋を取る。（ふた）
盲点につく。（もうてん）
合格の圏内。（けんない）

利益の享受。（きょうじゅ）
顕著な変化。（けんちょ）
注意する箇所。（かしょ）
酪農を営む。（らくのう）
頻度が高い。（ひんど）
遮蔽幕を張る。（しゃへい）
鉄の残骸。（ざんがい）
逐一報告する。（ちくいち）
険しい峡谷《こく》。（きょう）
土砂の堆積。（たいせき）
均衡を保つ。（きんこう）

二千五百年前からのメッセージ ──孔子の言葉── 教 p.142〜145

植物の気孔。（きこう）
一般的な反応。（いっぱん）

坊っちゃん 教 p.146〜161

冗談を言う。（じょうだん）

刃物を扱う。（はもの）
請け負う。（う）
手の甲。（こう）
傷痕が治る。（きずあと）
質屋に行く。（しちや）
足が滑る。（すべ）
海が荒れる。（あ）
相撲部屋。（すもう）
空き缶《かん》を潰す。（つぶ）
尻もちをつく。（しり）
孟《もう》宗竹。（そう）
下手な芝居。（しばい）
懲役を科す。（ちょうえき）
父に怒られる。（おこ）
性分に合わない。（しょうぶん）
将棋をさす。（しょうぎ）
駒を動かす。（こま）
兄に謝る。（あやま）
零落した貴族。（れいらく）

夢を諦める。（あきら）
成績を褒める。（ほ）
足袋を履く。（たび）
鉛筆で書く。（えんぴつ）
迷子を捜す。（さが）
壱万円の商品。（いち）
臭みをとる。（くさ）
菓子を食べる。（かし）
策に溺れる。（おぼ）
一概に言う。（いちがい）
美しい旋律。（せんりつ）
差し支える。（さしつかえる）
淡泊な味。（たんぱく）
参加者の募集。（ぼしゅう）
即席で作る。（そくせき）
赴任先の学校。（ふにん）
生涯を終える。（しょうがい）
弟を慰める。（なぐさ）
土産を買う。（みやげ）

夏の葬列

教 p.172〜184

知人の葬式。（そうしき）
硬い金属。（かた）
砂利道。（じゃり）
疎遠な関係。（そえん）
俺の考え。（おれ）
力が尽きる。（つ）
起伏が激しい。（きふく）
ズボンの裾。（すそ）
広い芋畑。（いもばたけ）
喪服を着る。（もふく）
一瞬のできごと。（いっしゅん）
目の錯覚。（さっかく）
唾をのむ。（つば）
木陰に入る。（こかげ）
艦船の模型。（かんせん）
奇妙な話。（きみょう）
衝撃を受ける。（しょうげき）
ボールが弾む。（はず）

ズバッ テストでまちがえやすい漢字

優れた記憶力。（きおく）
偶然の産物。（ぐうぜん）
銃撃戦。（じゅうげき）
担架で運ぶ。（たんか）
祖母の面影。（おもかげ）
弱音を吐く。（は）
幻影を見る。（げんえい）
勝手な妄想。（もうそう）
不謹慎な態度。（きんしん）
有頂天になる。（うちょうてん）
つらい失恋。（しつれん）
驚きの喚声。（かんせい）
縦に揺れる。（ゆ）
石油の埋蔵量。（まいぞう）

漢字の広場3 教p.190～191

一斤の食パン。（いっきん）
文章の要旨。（ようし）
拝啓と敬具。（はいけい）

諸侯の爵位《しゃくい》。（しょこう）
征服する。（せいふく）
号泣する。（ごうきゅう）
仲裁に入る。（ちゅうさい）
麦秋の頃。（ばくしゅう）
秘密の暴露。（ばくろ）
紛争が続く。（ふんそう）
古代の石碑。（せきひ）
書籍を読む。（しょせき）
記念品の進呈。（しんてい）
金融機関。（きんゆう）
敵軍の襲撃。（しゅうげき）
汚染水の処理。（おせん）
根拠を述べる。（こんきょ）
原稿を書く。（げんこう）

漢字の練習4 教p.192

喫茶店に入る。（きっさ）
海の堤防。（ていぼう）

緩急をつける。（かんきゅう）
来年の契約。（けいやく）
必死の抵抗。（ていこう）
応援する。（おうえん）
隆起した地面。（りゅうき）
千円の紙幣。（しへい）
子供の玩具。（がんぐ）
自動販売機。（はんばい）
一括払い。（いっかつ）
擬態語を使う。（ぎたいご）
掲示板を見る。（けいじ）
浄水器を使う。（じょうすい）
核心をつく。（かくしん）
語彙を増やす。（ごい）
夏至の日。（げし）
母音の発音。（ぼいん）
自然の摂理。（せつり）
親を扶助する。（ふじょ）
拉致《ち》される。（ら）

ご満悦の表情。（まんえつ）
遺憾に思う。（いかん）
絶滅危惧種。（きぐ）
惰性で続ける。（だせい）
戦慄を覚える。（せんりつ）

ガイアの知性　教 p.194~205

鯨の生態。（くじら）
映画の撮影。（さつえい）
畏敬の念。（いけい）
示唆に富む。（しさ）
平均的な寿命。（じゅみょう）
知恵をつける。（ちえ）
素直な対応。（すなお）
偏った考え。（かたよ）
鳥を捕らえる。（と）
餌を与える。（えさ）
危険な状況。（じょうきょう）
状況の下。（もと）

制御する。（せいぎょ）
猛烈な勢い。（もうれつ）
選択の自由。（せんたく）
過酷な争い。（かこく）
雌のくわがた。（めす）
攻撃を防ぐ。（こうげき）

学ぶ力　教 p.224~232

海に潜る。（もぐ）
現状維持。（いじ）
穴が塞がる。（ふさ）
性能の優劣。（ゆうれつ）
師匠と弟子。（ししょう）
墨で絵を描く。（すみ）

漢字の練習5　教 p.239

急な勾配。（こうばい）
炭坑に入る。（たんこう）
楽譜を見る。（がくふ）

過剰な反応。（かじょう）
缶詰《づめ》を開ける。（かん）
ナスの漬け物。（つ）
頒布会を開く。（はんぷ）
王妃に仕える。（おうひ）
刹那《な》的な考え。（せつ）
勅使を送る。（ちょくし）
朕は天子の自称《じしょう》。（ちん）
恭順の意。（きょうじゅん）
焼酎を飲む。（しょうちゅう）
統帥権の独立。（とうすい）
弐万円を払う。（に）
信用の失墜。（しっつい）
罷免する。（ひめん）
約款に準じる。（やっかん）
国璽を押す。（こくじ）
繊細且つ大胆。（か）
野蛮な行為。（やばん）
堕落した生活。（だらく）

教義に殉じる。（じゅん）
法曹界に入る。（ほうそう）
捕虜になる。（ほりょ）
大尉に従う。（たいい）
爵位を授《さず》かる。（しゃくい）
吹雪の中。（ふぶき）
若人たち。（わこうど）
笑顔になる。（えがお）
風邪をひく。（かぜ）
時雨が降る。（しぐれ）
紅葉を見る。（もみじ）

走れメロス

教 p.246〜266

邪心を捨てる。（じゃしん）
敏感になる。（びんかん）
花嫁と花婿。（はなむこ）
衣装を着る。（いしょう）
祝宴を催す。（しゅくえん）
要求を拒む。（こば）

官吏になる。（かんり）
眉間のしわ。（みけん）
民の声。（たみ）
嘲笑を受ける。（ちょうしょう）
許しを乞う。（こ）
刑罰の対象。（けいばつ）
老舗《しにせ》の料亭。（りょうてい）
到着の時刻。（とうちゃく）
支度を調える。（ととの）
主軸をになう。（しゅじく）
不吉な予感。（ふきつ）
蒸し暑い日。（む）
春の宵。（よい）
悠々と歩く。（ゆうゆう）
名誉ある賞。（めいよ）
拳をにぎる。（こぶし）
川の濁流。（だくりゅう）
舟運の便。（しゅううん）
灯台守の仕事。（もり）

テストでまちがえやすい漢字

悲哀を感じる。（ひあい）
誠の心。（まこと）
無駄になる。（むだ）
海賊の横行。（かいぞく）
殴り書きする。（なぐ）
花が萎える。（な）
路傍に咲く花。（ろぼう）
紙を断つ。（た）
真紅の唇《くちびる》。（しんく）
他人を欺く。（あざむ）
疑惑をもつ。（ぎわく）
卑劣な行い。（ひれつ）
醜い言い争い。（みにくい）
作戦を遂行する。（すいこう）
宝石の輝き。（かがや）
風体を保つ。（ふうてい）
赤裸々な話。（せきらら）
砂上の楼閣。（ろうかく）
一片の紙切れ。（いっぺん）

ズバッ 抱擁を交わす。（ほうよう）
虚勢を張る。（きょせい）

漢字の広場4 教p.272～273

ズバッ 既成の概念。（きせい）
机間を歩く。（きかん）
赤字の補塡。（ほてん）
ズバッ 徐々に減る。（じょじょ）
斥候を務める。（せっこう）
煙を排出する。（はいしゅつ）
魚を冷凍する。（れいとう）
拾得物。（しゅうとく）
大規模な開墾。（かいこん）
ズバッ 懇親会を開く。（こんしん）
ズバッ 需要と供給。（じゅよう）
儒教の教え。（じゅきょう）
進路の妨害。（ぼうがい）
脂肪分が多い。（しぼう）
紡績業の発展。（ぼうせき）
寮生活を送る。（りょう）
会社の同僚。（どうりょう）
ズバッ 不明瞭な説明。（めいりょう）
申告する。（しんこく）
厚生労働省。（こうせい）
石灰色。（せっかい）
川の深浅。（しんせん）
弓道を習う。（きゅうどう）

▶活用のない自立語

名詞	例
普通名詞	貝・テーブル・音
固有名詞	パリ・夏目漱石《なつめそうせき》
代名詞	私・ここ・彼
数詞	千人・二個
形式名詞	こと・とき・はず

感動詞	例
感動や呼びかけなど、独立語として使われる。	あら・ねえ おはよう

接続詞	例
接続語として使われ、前後のつながりを示す。	そして・しかし なぜなら・すると

連体詞	例
連体修飾語として使われ、体言を含む文節を修飾する。	この・その・小さな たいした・あらゆる

副詞	例
状態の副詞	ゆっくり歩く。 にっこりほほえむ。
程度の副詞	かなり寒い。 もっと食べたい。
叙述《じょじゅつ》の副詞	決して忘れない。 なぜ走るのですか。

▶活用のある自立語

用言が、あとにつく言葉により形を変えることを活用といい、その変化した形を活用形という。

動詞

活用表

語例	語幹	未然形	連用形	終止形	連体形	仮定形	命令形
歩く	ある	か こ	き い	く	く	け	け

活用の種類

・**五段活用**…ア・イ・ウ・エ・オの五つの段にわたって活用する。

・**上一段活用**…イ段とそれに「る・れ・ろ」がついた形で活用する。

・**下一段活用**…エ段とそれに「る・れ・ろ」がついた形で活用する。

・**カ行変格活用**…「こ・き・く」とカ行で変化し、「る・れ・い」がつく。

・**サ行変格活用**…「さ・し・す・せ」とサ行で変化し、「る・れ・ろ」がつく。

形容詞

活用表

語例	語幹	未然形	連用形	終止形	連体形	仮定形	命令形
白い	しろ	かろ	かっ く う	い	い	けれ	○

形容動詞

活用表

語例	語幹	未然形	連用形	終止形	連体形	仮定形	命令形
きれいだ	きれい	だろ	だっ で・に	だ	な	なら	○

▶付属語のいろいろ

助詞

活用のない付属語で、自立語のあとにつき、語句同士の関係を示したり、さまざまな意味を付け加えたりする。

格助詞	接続助詞	副助詞	終助詞
主に体言につく。 例 が・に・の・から　など	用言や助動詞につく。 例 けれど・ので・ても　など	いろいろな語につく。 例 だけ・も・しか　など	文や文節の終わりにつく。 例 よ・な（あ）・ね　など

助動詞

活用のある付属語で、主に用言や助動詞につき、述語にさまざまな意味を付け加えたり、話し手（書き手）の判断や気持ちを表したりする。

使役《しえき》	仲良く遊ばせる。 ご飯を食べさせる。
受け身 可能 自発 尊敬	みんなに笑われる。 これはまだ食べられる。 昨日のことが思い出される。 先生が話される。
打ち消し	私にはできない。
断定	それは私の本だ。
意志・勧誘《かんゆう》 推量	さあ勉強しよう。 それもよかろう。

▶敬語

相手に対する丁寧《ていねい》な気持ちや、話題になっている人物などに敬意を表す言葉を敬語という。

敬語の種類

尊敬語	謙譲語《けんじょう》
動作の主体である人物を高めて言う言葉。	動作が向かう先などを高めて言う言葉。
おっしゃる（言う） お使いになる（使う） なさる（する） 読まれる（読む）	申しあげる（言う） お目にかかる（会う） お届けする（届ける） ご案内する（案内する）

丁寧語	美化語
改まった場面で相手に対し丁寧に述べる言葉。	物事を上品に美しく言う言葉。
～です・ます ～でございます	お魚（魚） お水（水） ご飯（飯） ご本（本）

古文の知識

▼歴史的仮名遣《づか》い

① 語中・語尾の「は」「ひ」「ふ」「へ」「ほ」
→「ワ」「イ」「ウ」「エ」「オ」

例 つはもの→ツワモノ
よそほひ→ヨソオイ
言ふ→イウ

② 「む」「なむ」→「ン」「ナン」

例 書かむ→カカン　水なむ→ミズナン

③ 「ア段」＋「う・ふ」→「オ段」の長音
「イ段」＋「う・ふ」→「ユウ・○ュウ」
「エ段」＋「う・ふ」→「○ョウ」

例 かうべ→コウベ
久しうあつて→ヒサシュウアッテ
てふてふ→チョウチョウ

④ 「ゐ」「ゑ」「を」→「イ」「エ」「オ」

例 ゐる→イル
ちゑ→チエ
をとこ→オトコ

⑤ 「くわ」「ぐわ」→「カ」「ガ」

例 くわし→カシ
さんぐわつ→サンガツ

▼係り結び

文の中に「係りの助詞」が入ると文末が変わる。
→「ぞ」「なむ」「こそ」（前の語を強調）
「や」「か」（疑問などを表す）

例 ・竹一筋ありけり。
←「なむ」を使う。
・竹なむ一筋ありける。
→竹を強調している。